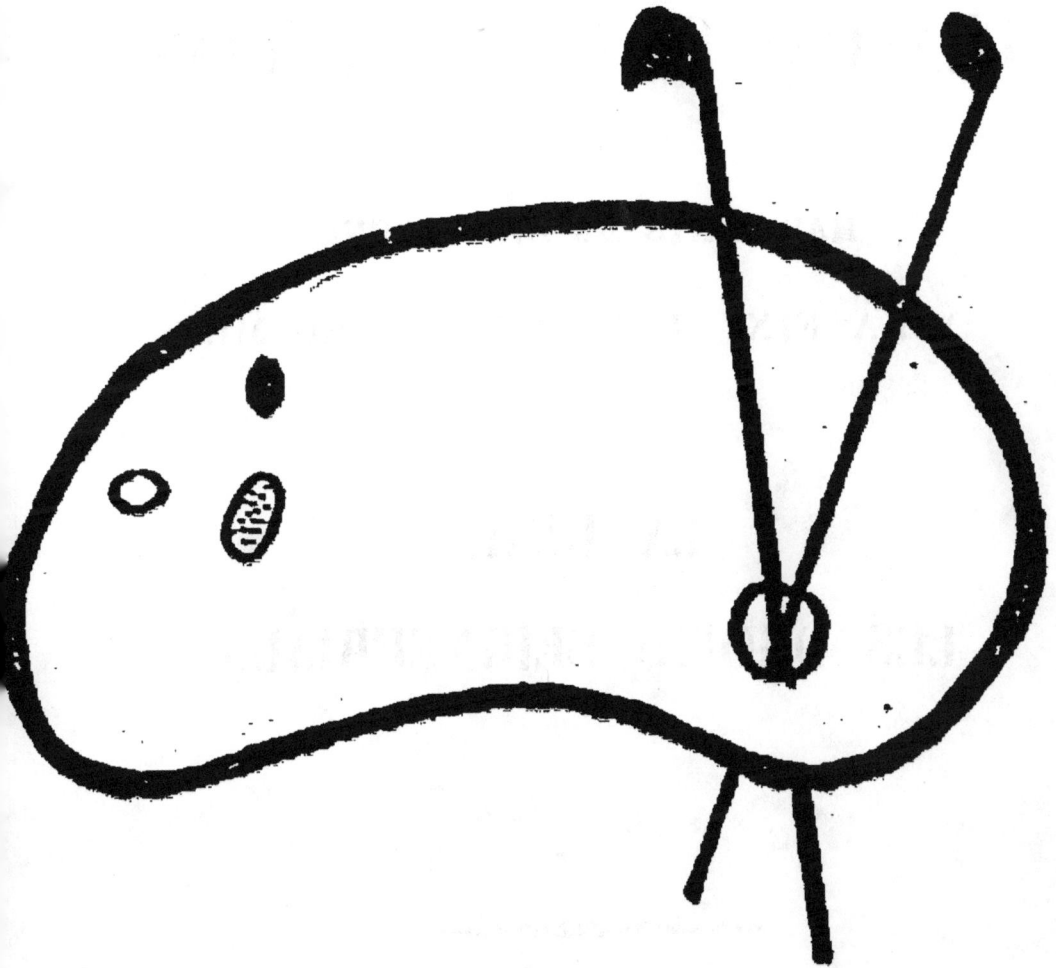

DEBUT D'UNE SERIE DE DOCUMENTS
EN COULEUR

FRANCISQUE MÈGE

CHARGES ET CONTRIBUTIONS

DES

HABITANTS DE L'AUVERGNE

A LA FIN DE L'ANCIEN RÉGIME

LA DIME

LES DROITS SEIGNEURIAUX

CLERMONT-FERRAND

RIBOU-COLLAY, LIBRAIRE

RUE SAINT-GENÈS, 5

1898

CLERMONT-FERRAND. — TYPOGRAPHIE G. MONT-LOUIS.

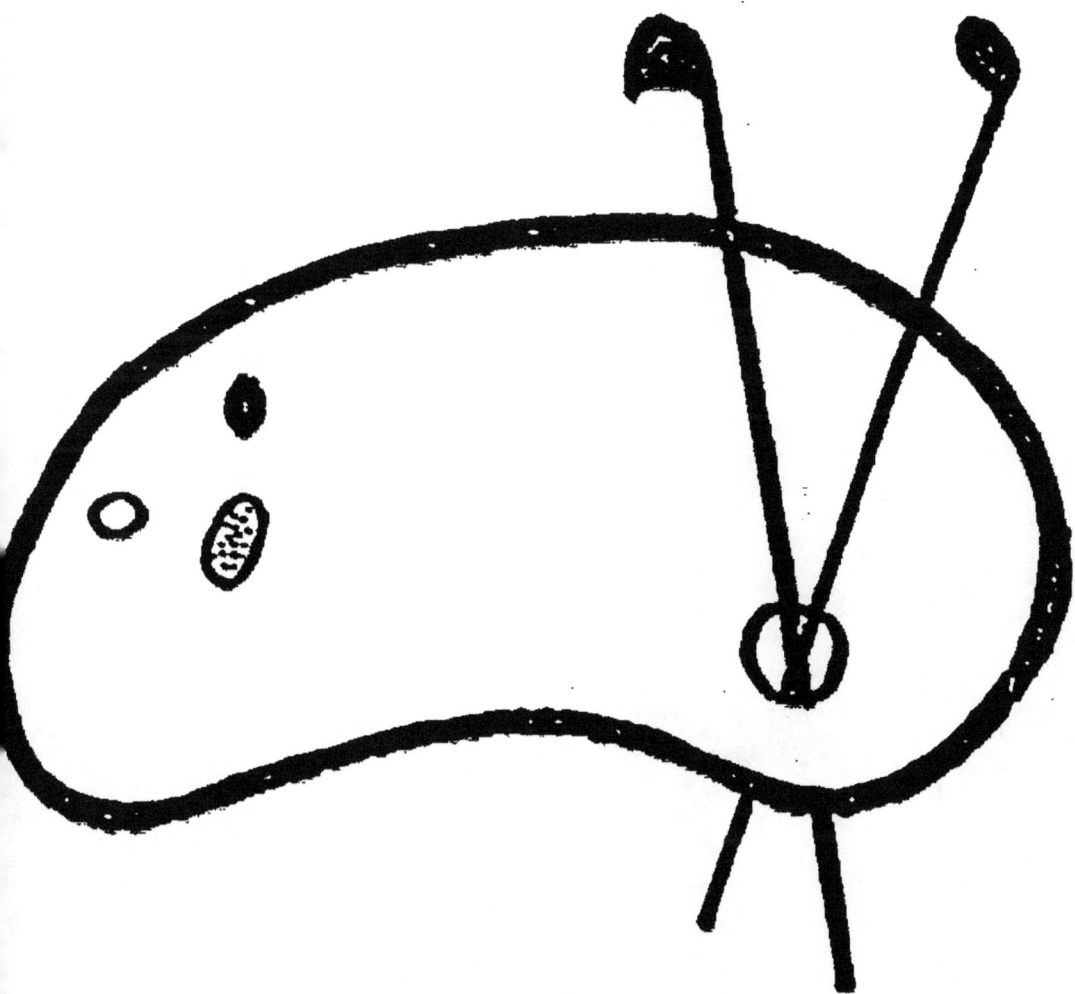

FIN D'UNE SERIE DE DOCUMENTS
EN COULEUR

FRANCISQUE MÈGE

CHARGES ET CONTRIBUTIONS

DES

HABITANTS DE L'AUVERGNE

A LA FIN DE L'ANCIEN RÉGIME

LA DIME

LES DROITS SEIGNEURIAUX

CLERMONT-FERRAND

RIBOU-COLLAY, LIBRAIRE

RUE SAINT-GENÈS, 5

—

1898

CHARGES ET CONTRIBUTIONS

DES HABITANTS DE L'AUVERGNE

A LA FIN DE L'ANCIEN RÉGIME

LA DIME. — LES DROITS SEIGNEURIAUX

Les cahiers dressés par le tiers état de France, en exécution du règlement royal du 24 janvier 1789, abondent en plaintes et en doléances au sujet des dîmes et des droits seigneuriaux. Sujet bien connu alors et dont tous avaient la compréhension sans qu'il fût besoin de longues indications explicatives. Le tiers état tout entier, en effet, ayant constamment à souffrir de ces redevances, chacun de ses membres était plus ou moins instruit de leur caractère et des diverses particularités relatives à leur assiette et à leur perception.

Il n'en est plus de même aujourd'hui où les choses ont heureusement disparu sans retour et où, faute d'être appliqués, les mots qui désignent ces choses tombent de plus en plus dans l'oubli. Est-ce que l'on connaît dans le public, je ne dis pas le fonctionnement, mais même les noms des différentes institutions de l'ancien régime ? Quant au vocabulaire spécial et aux combinaisons variées de la fiscalité féodale, qui est-ce qui en a seulement un aperçu ? La grande majorité est aussi étrangère à ces matières que si elles dataient des temps antiques. On croirait qu'entre notre époque et le règne de Louis XVI il s'est écoulé une longue série de siècles.

1

Sans doute, de nos jours, il n'est personne qui n'ait au moins ouï parler des dîmes et des droits seigneuriaux. On en a une notion vague, une conception approximative. Les mieux renseignés les tiennent pour des taxes illégales, ruineuses, haïssables, qui se percevaient jadis au profit de la noblesse et du clergé. Mais, combien pourraient dire en quoi consistaient exactement ces contributions anormales, par quel nom particulier on les désignait dans telle ou telle région, comment et en quelles circonstances elles étaient perçues, et enfin quelles étaient celles existant encore dans chaque province au début de la Révolution ?

Et cependant, pour qui veut comprendre la véritable signification des vœux formulés par nos pères en 1789, ce sont là des questions sur lesquelles il importerait d'être fixé et qui demanderaient quelques éclaircissements préliminaires.

Ces éclaircissements, je me suis proposé de les grouper dans la présente notice, espérant ainsi faciliter l'intelligence des cahiers élaborés dans les paroisses d'Auvergne à la veille des derniers États généraux.

PREMIÈRE PARTIE.

LA DIME.

Parmi les nombreuses redevances que le tiers état de France avait à acquitter, les plus anciennes et les plus répandues étaient les *Dimes* qui consistaient, comme on sait, en un prélèvement sur les fruits de la terre et sur le croît de certains animaux domestiques. On appelait ces redevances *Dixmes* ou *Dimes*, par analogie avec le tribut du dixième du produit du sol et des troupeaux que les Hébreux, d'après les livres saints, payaient pour subvenir au culte et à l'entretien de ses ministres.

I

DIFFÉRENTES ESPÈCES DE DIMES (1).

Suivant le point de vue sous lequel on les envisageait, les dimes prenaient différents noms. On distinguait : les *dimes ecclésiastiques* et les *dimes laïques* ou *inféodées* ; les *grosses dimes* et les *menues dimes* ; les *dimes solites* et les *dimes insolites* ; les *dimes anciennes* et les *dimes novales*. Il y avait aussi des dimes qualifiées de *dimes de suite*, de *dimes abonnées*, de *dimes de charnage*, *sacramentaires*, etc. (2).

On appelait ordinairement *Décimateur* celui à qui la dime était due ; *Dixmier* ou *Dimeur* (3), le collecteur qui procédait à la levée de la dime, soit comme fermier, soit comme agent du décimateur ; *Dixmerie* et en différents lieux *Dime* (au masculin) (4), le canton dans lequel la dime était due et perçue.

Habituellement, chaque dimerie était délimitée par des bornes sur lesquelles étaient gravées les armoiries, les initiales ou les marques distinctives des décimateurs, et portait un nom spécial, soit le nom d'un ancien collecteur ou fermier ou d'un ancien décimateur, soit un nom motivé

---

(1) L'histoire rapporte qu'à une époque éloignée, des dimes *personnelles* étaient prélevées sur les fruits civils, sur les produits du travail et de l'industrie, sur les acquisitions illicites et même, dit-on, sur les produits du vol et de l'usure. En 1789, et depuis plusieurs siècles déjà, les dimes personnelles étaient tombées en désuétude. Les seules dimes connues étaient les dimes *réelles* perçues sur les fruits naturels de la terre.

(2) Toutes ces qualifications se retrouvent dans les titres et les terriers comme dans les traités spéciaux. C'est aux difficultés de leur interprétation qu'il faut imputer la majeure partie des nombreux procès en matière de dimes qui alimentèrent aux siècles derniers les audiences des présidiaux et des parlements.

(3) Les noms de *Dixmier* et *Dimeur* étaient quelquefois, mais plus rarement, donné aux décimateurs.

(4) Dans un grand nombre de documents, le mot *Dime* est employé au masculin, soit pour indiquer l'impôt lui-même, *La Dime*, soit pour désigner le territoire sujet à l'impôt, *la Dimerie*.

par la situation ou l'importance des terres décimables : *Dimerie du bout, Dimerie du milieu, Dimerie d'outre-Sioule, Grand Dime, Petit Dime,* soit un nom de fantaisie plus ou moins explicable transmis par la tradition (1), soit enfin, et le plus souvent, le nom du village ou hameau le plus rapproché ou celui du principal terroir compris dans les bornes de délimitation.

L'organisation des dimeries n'était pas la même partout. Là, une dimerie comprenant la paroisse entière appartenait à un seul propriétaire. Ailleurs, la dimerie était indivise entre deux ou plusieurs décimateurs touchant annuellement leur quote-part du produit, ou quelquefois, percevant chacun à tour de rôle le produit total, une année l'un, une année l'autre. Le produit des dimeries indivises ne se partageait pas toujours par portions égales. A Laps par exemple, le duc de Bouillon avait une dime indivise avec l'abbaye du Bouchet, celle de Manglieu, les communalistes de Vic-le-Comte, le seigneur d'Enval et la vicairie de Saint-Paul à Vic-le-Comte. Le duc n'avait qu'un sixième de cette dime ; mais ses codécimateurs étaient tenus de *faire lever, ameubler et battre à leurs frais* les fruits de la portion dudit seigneur duc qui prélevait encore *par précipul et avantage,* avant tout partage, trois septiers de froment (2). Le plus ordinairement, les paroisses comprenaient plusieurs dimeries dis-

(1) Une dimerie, située sur les confins de la Marche, portait le nom de *Dimerie des quatre chevaliers ;* une autre, située dans les appartenances de Thuret près Aigueperse, et dépendant de l'abbaye bénédictine de Saint-Alyre de Clermont, était dénommée : *la Grande Limagne.* Une autre, à Epinet près Gerzat, s'appelait : *la Captiva.*

(2) Sur une portion du territoire de la paroisse de Mauzun près Billom était assise, en 1785, une dime de chanvre qui était perçue une année par l'évêque de Clermont, une année par le sieur Noyer, avocat. Quelquefois, la répartition des dimes indivises présentait des bizarreries qu'il est difficile d'expliquer. Ainsi, sur les 225 septiers de blé, produit de la ferme du *grand dime* de la paroisse de Lempdes près Clermont, le vicaire perpétuel ou curé de la paroisse avait droit à 60 septiers, l'abbé de La Chaise-Dieu, décimateur *pour un quart et le tiers de la moitié du demi-quart,* à 40 septiers 2 quartes 1 quartón ; les Minimes de Beauregard, à 18 septiers 3 quartes, etc. (*Archives du Puy-de-Dôme,* Liasse, Dimes inféodées, nº 32.)

tinctes et séparées. Ainsi, la paroisse de Gerzat près Clermont était non-seulement tributaire de quatre gros décimateurs appartenant au clergé : l'abbé de Saint-Alyre, le prieur de Saint-Robert de Montferrand, le chapitre de Montferrand et l'abbesse de Beaumont ; mais elle payait de petites dimes en vin aux prêtres filleuls de Gerzat et des dimes inféodées considérables au duc de Bouillon (1). Ainsi encore, sans compter les décimateurs laïques, la paroisse de Saint-Genès-Champanelle devait des dimes d'importance diverse à six décimateurs ecclésiasti .es : les Bénédictins de Saint-Alyre, les Prémontrés de Saint-André, le chapitre de Chamalières, le chapitre de Brives en Limousin, les prêtres filleuls ou communalistes de Chanonat et le vicaire de Saint-Jean de Chanonat.

Dimes ecclésiastiques et dimes inféodées.

Les *dimes ecclésiastiques* étaient celles qui appartenaient à l'Eglise. En principe, ces sortes de dimes devaient être attribuées aux seuls curés des paroisses pour fournir à leur subsistance personnelle ainsi qu'aux dépenses du culte et aux réparations des églises et presbytères et pour leur donner les moyens de venir en aide aux pauvres et aux malheureux. On admettait généralement en France que le vrai décimateur dans chaque paroisse était le curé. Il n'avait aucun titre à produire pour établir son droit, son clocher, c'est-à-dire sa qualité de curé lui en tenant lieu, tandis que tout autre décimateur, même l'évêque, devait justifier par titre de sa qualité de propriétaire.

En fait, il n'en était pas ainsi. Une très grande partie des dimes, peut-être la plus importante, était perçue par des évêques, des abbés, des prieurs, des couvents, des

(1) E. Jaloustre, *Histoire d'un village de la Limagne*, Gerzat, chapitres XII, XIII et XVIII.

chapitres et aussi par des laïques, tous lesquels *gros décimateurs*, s'appuyant sur des raisons plus ou moins plausibles et se qualifiant de patrons, de *curés primitifs*, faisaient desservir les paroisses par des prêtres à leur nomination auxquels il se bornaient à allouer une modique pension alimentaire appelée *portion congrue.*

Cette pension ou portion congrue consistait le plus souvent en une part de dîmes, le quart, le sixième ou le huitième. Ces parts ne suffisaient pas toujours à assurer aux desservants une existence décente et honorable et ne leur permettaient pas d'avoir des vicaires pour les seconder dans leurs fonctions. Les conciles, les rois, les Etats généraux et les parlements se préoccupèrent à diverses reprises d'améliorer le sort des curés; mais ce sort n'en resta pas moins fort précaire pendant des siècles.

La congrue, fixée à 120 livres en 1571 et portée parfois à 150 livres par des arrêts de parlement, fut élevée uniformément à 200 livres par une déclaration royale de 1634. L'accroissement incessant du prix des denrées ne tarda pas à faire ressortir l'insuffisance de ce traitement. Mais les efforts des gros décimateurs empêchèrent momentanément toute nouvelle augmentation. Il fallut que les intéressés intervinssent directement eux-mêmes à maintes reprises pour attirer l'attention du gouvernement.

Pendant les Grands-Jours tenus en Auvergne sous Louis XIV, tous les opprimés avaient repris courage et entrevoyaient dans un avenir prochain le redressement des nombreuses injustices dont ils souffraient. Croyant que si les abus se perpétuaient c'est que le roi les ignorait, un certain nombre de prêtres et à leur tête l'abbé Bourdet, curé de l'église Saint-Genès de Clermont et le curé de Saint-Pierre de Mâcon, se concertèrent vers la fin de l'année 1666 et organisèrent une sorte de coalition afin d'arriver à porter à la connaissance du roi la situation

misérable du clergé inférieur. « Il n'était ni juste ni rai-
» sonnable, disaient-ils dans le mémoire qu'ils envoyèrent
» à Paris, que tandis que les curés portaient *pondus diei*
» *et œstus*, et travaillaient pour le salut des âmes, M^{grs} les
» Prélats, abbés et gros dimeurs vécussent grassement ;
» qu'eux eussent toute la charge et pas de pain pour
» subsister. » Les agents généraux du clergé, avertis par
l'évêque de Clermont, M. de Veyny d'Arbouze, s'émurent
de cette campagne qui leur parut *de très grande conséquence*, on dirait aujourd'hui révolutionnaire, et en infor-
mèrent le conseil du roi. Les deux principaux instigateurs
du mouvement mandés à Paris furent vertement tancés
et durent désavouer leur circulaire, demander pardon à
leurs évêques et s'engager formellement à ne plus recom-
mencer de semblables démarches (1).

Malgré cet insuccès momentané, la tentative du curé de
Clermont ne devait pas rester stérile. Elle ne fut certainement pas étrangère au revirement qui se produisit peu à
peu dans l'esprit du gouvernement et qui aboutit en
janvier 1686 à une déclaration royale en vertu de laquelle
les curés étaient autorisés à réclamer 300 livres pour leur
portion congrue, sans compter les offrandes, le casuel et
les dimes *novales*. En outre, faculté était laissée aux curés
d'opter entre les revenus de leur cure, dimes et patrimoniaux, et la portion congrue qui restait à la charge des
décimateurs.

Au siècle suivant, d'autres réclamations du même genre
émanées des curés de Normandie, du Dauphiné et d'autres
provinces aboutirent également à l'amélioration de la

---

(1) *Procès-verbaux des assemblées générales du clergé de France,* tome V.
— L'abbé Jean Bourdet avait été désigné en 1664 par l'abbé et les chanoines de l'église
Saint-Genès de Clermont en Auvergne pour remplir les fonctions de vicaire perpétuel
ou curé de ladite paroisse de Saint-Genès.

C'est à propos de certains arrêts des Grands-Jours d'Auvergne qu'il se décida à
partir en guerre contre le haut clergé et qu'après avoir envoyé une circulaire à tous
les curés du royaume, il se fit donner une procuration par ceux de son pays pour plai-
der leur cause à Paris.

portion congrue. Un édit, enregistré le 13 mai 1768, fixa
la congrue des curés à 500 livres et celle des vicaires à
200 livres. Mais en revanche, il décida que les dîmes
novales ne seraient plus réservées aux curés et appartien-
draient, comme les dîmes *anciennes*, aux décimateurs.
Cette augmentation ne satisfit pas entièrement les desservants et leurs défenseurs. Sur de nouvelles plaintes formulées encore par des réunions de curés de diverses provinces, et dans la crainte que la médiocrité du traitement
ne fit diminuer les vocations, l'assemblée du clergé,
jusqu'alors assez mal disposée, intervint auprès du gouvernement, et, le 2 septembre 1786, une déclaration du
roi éleva à 700 livres la congrue des curés et à 350 livres
celle des vicaires. C'était quelque chose. Mais ce n'était
pas assez. Aussi les cahiers de 1789 devaient-ils faire
encore entendre des plaintes et des doléances.

Par suite de ces décisions successives, voici quelle était
en 1789, au sujet des dîmes ecclésiastiques, la situation
respective des curés et de leurs paroissiens. Dans la plupart des villages, les desservants ayant opté pour la portion congrue de 700 livres mise à la charge des gros
décimateurs, les dîmes étaient entièrement perçues par
les gros décimateurs. Dans quelques paroisses cependant,
les seigneurs décimateurs, voulant s'éviter le paiement de
la congrue, avaient, par abus d'autorité, imposé ce paiement aux paroissiens ou bien avaient abandonné au curé
lui-même le produit total de leurs dîmes. Dans d'autres, soit
qu'il trouvât dans les revenus de la cure un traitement
supérieur ou équivalent à la congrue, soit que faute de
gros décimateurs et de ressources foncières suffisantes,
il ne pût atteindre le chiffre voulu, le curé avait continué
à percevoir sa part de dîmes ainsi que les divers produits
habituels de la cure. Seulement, dans le cas d'insuffisance,
il s'adressait à ses paroissiens et tâchait d'obtenir d'eux
de quoi parfaire son traitement, en attendant que quelque

réunion de bénéfice à sa cure vint augmenter définiti‑
ment le chiffre de ses revenus annuels (1).

En Auvergne, s'il faut en croire Legrand d'Aussy (2),
la plupart des curés étaient à portion congrue. Ceux qui
ne l'étaient pas ne possédaient que des dimes de peu
d'importance.

Les *dimes inféodées* ou *laïques* étaient tenues en fief soit
de l'église, soit du roi, soit d'autres seigneurs. Elles étaient
dans le commerce et subissaient les mêmes charges et
vicissitudes que les autres fiefs.

L'origine des dimes inféodées a donné lieu à beaucoup
de controverses et n'est pas facile à établir de façon posi‑
tive. Beaucoup de jurisconsultes, ne faisant aucune diffé‑
rence entre les dimes, les *champarts*, les *percières* et
autres redevances seigneuriales consistant en portions de
fruits, concluaient de là que les dimes étaient de simples
droits féodaux et provenaient uniquement de concessions
faites à l'Église par les rois et les seigneurs.

Telle était particulièrement l'opinion de Chabrol, le
commentateur de la Coutume d'Auvergne. Ce savant
jurisconsulte ne croit pas que l'établissement des dimes
soit de droit divin (3). « Si elles avaient ce caractère,
» dit-il, elles se percevraient dans toute la chrétienté, et
» cependant elles ne sont pas encore en usage partout.
» Enfin elles auraient pris naissance avec l'Eglise même. »
S'appuyant sur l'autorité de Mézeray, la Thaumassière,
Guy Coquille, Charondas et autres auteurs, Chabrol pose

---

(1) *Les Curés avant 1789*, par l'abbé Sicard (Correspondant, année 1890. — *Le Clergé sous l'ancien régime*, par E. Méric, 1 vol. in-18, Paris, Lecoffre, 1890.)

(2) Legrand d'Aussy, *Voyage fait en 1787 et 1788 dans la ci-devant Haute et Basse-Auvergne*, tome III.

(3) *Coutumes générales et locales de la province d'Auvergne*, avec notes et observations, par Chabrol, tome II. — Il n'est pas inutile de faire remarquer que Chabrol avait un intérêt personnel dans la question, étant propriétaire d'un assez grand nombre de dimes laïques : à Chaméane près Issoire, dans plusieurs paroisses des environs de Besse, à Volvic et ailleurs.

en principe que *dans les temps les plus reculés la dîme a été une portion, un tribut que les seigneurs se réservaient dans les concessions des terres*, et que les dîmes, improprement appelées *dîmes inféodées* sont bien antérieures aux dîmes perçues par le clergé, à quelque époque qu'on fixe son entrée en possession.

Par contre, la plupart des canonistes, empruntant le langage féodal, prétendaient que la dîme est une espèce de *cens* que les hommes paient à Dieu en la personne de ses ministres pour lui marquer qu'ils le reconnaissent comme le maître souverain de la terre, comme le Seigneur par excellence. Selon eux, toutes les dîmes, sans exception, appartenaient à l'église. Les dîmes inféodées, ecclésiastiques au début, n'avaient cessé de l'être qu'aux moments troublés où la féodalité s'établit et se développa. A l'appui de leur thèse, ils citent des passages des livres saints, des décrets de divers conciles, des actes pontificaux et des capitulaires royaux. En définitive, c'est leur opinion qui a prévalu ; et il a été généralement admis que toutes les dîmes provenaient de l'église et que celles qui se trouvaient entre les mains des laïques n'y étaient arrivées que par l'effet de concessions faites par l'église de gré ou de force (1).

Un grand nombre de lois, d'arrêts et de décisions avaient été rendus en vertu de ces principes vrais ou faux. Il était généralement établi, notamment, qu'en cas d'insuffisance des dîmes ecclésiastiques, les dîmes inféodées étaient

---

(1) « .... Les dîmes inféodées ont plusieurs origines. La *première* est l'usurpation
» des laïques, qui envahirent impunément les biens de l'Eglise sur le déclin de la
» seconde race et le commencement de la troisième....

» La *seconde* est la concession en fief que les ecclésiastiques firent d'une partie de
» leurs dîmes à des personnes puissantes, à la charge de leur conserver celle qui
» leur restait en les défendant contre leurs ennemis...

» La *troisième* est la mauvaise administration de plusieurs ecclésiastiques qui dis-
» posaient des biens de leurs églises comme s'ils avaient été à eux...

» Il se peut encore que les croisades aient donné lieu à l'aliénation et inféodation
» des dîmes... ». (*Glossaire du Droit français*, par Ragueau et de Laurière,
Paris, 1704.)

tenues de contribuer tant à la portion congrue des curés qu'à l'entretien des ornements et vases sacrés et aux frais de réparation des églises. Toutefois, en dépit des arrêts, les nobles, principaux propriétaires des dimes inféodées, persistaient à considérer ces dimes comme de simples droits seigneuriaux.

Si les curés d'Auvergne, ainsi que le raconte Legrand d'Aussy, n'avaient que des dimes *très médiocres*, il n'en était pas de même des chapitres, des abbayes et des différentes corporations religieuses. Le chapitre de la cathédrale de Clermont possédait des dimes et des percières non-seulement sur la majeure partie des territoires de la banlieue de Clermont et des villages environnants, mais dans un grand nombre de paroisses de la province. Il en était de même du chapitre de Saint-Flour, de celui de Saint-Julien de Brioude et des autres collégiales d'Auvergne. Outre une grande partie des dimes de sa paroisse, le petit chapitre du Crest avait en propriété, sur plusieurs paroisses voisines, une dime en vin produisant deux mille pots de quinze pintes, c'est-à-dire 300 hectolitres. Les différentes abbayes étaient peut-être mieux partagées encore. L'abbaye bénédictine de Saint-Alyre de Clermont était propriétaire d'une cinquantaine de dimeries au moins dont plusieurs donnaient des revenus considérables. L'abbaye de La Chaise-Dieu percevait des dimes dans près de trois cents paroisses des diocèses de Clermont, Saint-Flour et autres. Et, dans les chapitres, dans les abbayes, ce n'était pas l'ensemble seul des chanoines ou des religieux; ce n'était pas uniquement la communauté qui était en possession de dimes. A chaque dignitaire de la collégiale ou de l'abbaye, abbé, chantre, doyen, sacristain, etc., étaient attribuées spécialement des dimeries productives.

Outre les grosses dimes ecclésiastiques, on trouvait aussi en Auvergne beaucoup de dimes inféodées et de fort importantes. Un grand nombre de villages avaient des décimateurs laïques. Dans les huit cantons qui, en 1790, formèrent le district d'Issoire, quarante-trois propriétaires jouissaient de dîmes inféodées d'un très grand produit.

Les laïques possesseurs de dîmes n'étaient pas moins nombreux dans le reste de la province. Aux environs de Billom, M. Gaspard de Montmorin, exerçait sur les lieux de Montaigut, Moissat, Reignat, Seychalles, Beauregard, Neuville, Salmeranges et Glaine, des droits de dîme qu'on évalua plus tard à 150,000 livres en capital, et il n'avait à servir aucune portion congrue. Dans la seule paroisse de Gerzat, le duc de Bouillon percevait des dîmes d'une valeur approximative de 4,030 livres par an. Sur le territoire du village d'Aubière, près de Clermont, un ancien magistrat, M. André d'Aubière, possédait des dîmes évaluées annuellement en chiffres ronds à cent hectolitres de blé et cinq cents hectolitres de vin (1). Sur tous les points de la province,

(1) L'Assemblée constituante ayant décidé que les dîmes inféodées seraient rachetables, les directoires des districts durent faire procéder à la liquidation et à l'évaluation de ces dîmes dans le cours de l'année 1791.

L'évaluation donnée par les experts aux dîmes de M. André d'Aubière, parut excessive aux habitants. Le 31 janvier 1792, le Conseil général de la commune, présidé par M. Girard, maire, prit une délibération décidant l'envoi d'une pétition à l'Assemblée nationale, non-seulement pour exposer leur cas particulier, mais pour signaler d'une façon générale le sérieux dommage causé à la Nation par les exagérations considérables des évaluations relatives aux dîmes inféodées. Cette délibération, accompagnée d'une lettre d'envoi, fut imprimée et adressée aussitôt à l'Assemblée nationale, à toutes les autorités du département et aux Sociétés des Amis de la Constitution. « .... C'est par l'épuisement de nos finances, disait cette lettre, par » la dilapidation la plus scandaleuse du trésor national, que les ennemis de la » chose publique tentent de nous faire repasser sous le joug.... Ils ont trouvé une » ressource immense dans l'évaluation des dîmes inféodées. L'ignorance et la perfidie » des experts, la faiblesse de quelques municipalités, la popularité affectée de quelques » ci-devant seigneurs, leur adresse pour soustraire leurs baux à ferme, leur talent » pour faire confondre les dîmes novales dans l'estimation des dîmes inféodées, que » dirons-nous encore ? Tout ce que la soif de l'or et la haine de la patrie sont capa » bles d'inventer, ont fait porter les liquidations à des prix qui excèdent leur juste » valeur communément de moitié.... » (Archives départementales. Fonds du district de Clermont. Domaines, Liasse 58.)

La Société populaire de Clermont prit immédiatement l'affaire en mains. Une nouvelle pétition plus développée, plus pressante, fut rédigée par un des membres les

en un mot, il y avait des dimes plus ou moins importantes appartenant ainsi à des seigneurs, soit dans le territoire de leur seigneurie, soit même en dehors de ce
territoire.

Par suite d'acquisition, de donation ou autrement, les
évêques, les chapitres, les couvents même étaient également propriétaires de dimes inféodées. Ainsi l'évêque de
Clermont en percevait à Mauzun, à Egliseneuve, à Bongheat. Ainsi l'abbaye de Saint-Alyre possédait à Ennezat
et au Petit-Pérignat des dimes inféodées en grains et en
vin affermées 900 livres par an. Et ce n'était pas seulement à la noblesse et au haut clergé que l'on payait des
dimes inféodées. Parmi les décimateurs laïques on voyait
figurer des communautés d'habitants, des magistrats, des
marchands et jusqu'à de simples laboureurs (1).

Grosses et menues dimes.

On appelait *grosses dimes* ou *dimes de droit* et parfois
grandes dimes celles qui frappaient les principales récoltes, comme le vin, comme le froment, l'orge ou pamoule, le seigle, le méteil ou conseigle ; et *menues dimes*
celles qui étaient prélevées sur les produits de moindre
importance, comme les œufs, l'huile, le chanvre, le lin,
les raves, le foin, comme les menus grains, pois, vessards,
lentilles, fèves, etc. Etaient aussi comprises habituellement dans les menues dimes, les *vertes dimes*, c'est-à-dire
les dimes des légumes, des fruits des jardins et des ver-

plus ardents, Barbat du Clozel d'Arnery, qui, après l'avoir fait signer par plus de
quatre cents personnes, la porta sans retard à Paris et la présenta à l'Assemblée nationale à la séance du 12 février 1792. (Sur cette présentation, voir : *Un fédéré du
10 août, Barbat du Clozel d'Arnery*, par Francisque Mège. — Paris, Cham-
pion, 1887.)

(1) Un laboureur nommé Jean Depert, du lieu des Gautiers, paroisse de Saint-Julien-
de-Coppel, demanda, en 1791, la liquidation d'une dime inféodée en chanvre et chènevis
que son père avait acquise en 1743 d'un sieur de Périgère (*Archives départementales,
fonds du district de Billom. Domaines. — Registre des avis du Directoire pour
la liquidation des cens, rentes et dimes inféodées.*)

gers (1), la dime des fromages, celle des bois taillis, de l'osier, la dime de la laine, la dime de *charnage* ou *carnelage* dénommée aussi *dime de sang* qui atteignait le croît des bestiaux et des volailles. Les dimes de charnage étaient quelquefois désignées sous le nom de dimes *sacramentelles* ou *sacramentaires*, parce qu'elles devaient être réservées aux curés, en considération de ce qu'ils administraient les sacrements à leurs paroissiens.

Les grosses dimes étaient perçues par les gros décimateurs.

Certaines dimes qualifiées de grosses dimes dans une localité étaient ailleurs regardées comme menues dimes. Il n'y avait aucune uniformité, aucune règle générale et applicable partout. Ainsi, suivant les lieux, les dimes qui frappaient le foin, le vin, l'avoine, étaient rangées tantôt dans les grosses dimes, tantôt dans les menues dimes, selon que ces denrées étaient ou n'étaient pas le produit principal de la contrée. Ainsi encore, le blé noir ou sarrasin était considéré par les uns comme une récolte de menue dime, parce que ce n'était pas, à proprement parler, un blé, une céréale; tandis que d'autres le classaient parmi les grosses dimes, parce que sa culture était très répandue et parce qu'il servait comme le froment et le seigle à la nourriture de l'homme.

(1) La dime des *œufs* était assez peu usitée. On la trouve cependant mentionnée dans un acte de foi et hommage présenté à la fin du xviie siècle au bureau des finances de Riom, par la dame de Mardogne en Haute-Auvergne, comme étant en usage dans les paroisses de Joissat (*Joussat*) et de Saint-Mary-le-Cros, élection de Saint-Flour. (*Archives du Puy-de-Dôme. Intendance. Liasse dimes inféodées.*) — Dans la terre de Nonette et celle de Saint-Quintin dans le Lembron, le seigneur percevait sur tous *les noyers* une dime qui lui rapportait environ cinq pots d'huile par an (*id., ibid.*). — Je n'ai trouvé la *dime des légumes* nommément indiquée que dans les paroisses de Massiac, Saint-Etienne-sur-Massiac et Saint-Poncy en Haute-Auvergne, au profit du prieur de Rochefort, élection de Saint-Flour ; et, en Basse-Auvergne, dans les paroisses de Royat, Volvic, Châtelguyon, Marsac, les Martres-d'Artières, Saint-Ours et Saint-Pierre-le-Chastel, au profit de l'abbé de Mozac. — La dime des *raves* était perçue, entr'autres, dans la région de Langeac. L'abbé de Saint-Léger d'Ebreuil la percevait aussi dans les paroisses de Saint-Gal, Saint-Quentin et Ebreuil. — La paroisse d'Aubière subissait la *dime de l'osier* et celle *des fruits des vergers.*

La dime de sang ou de *charnage*, appelée aussi quelquefois en Auvergne *dime carnin*, *carnaire* ou *charnel* et qui frappait principalement les veaux, les agneaux et les cochons ne semble pas avoir été en usage dans toutes les paroisses de notre province. Le chapitre de la cathédrale de Clermont la percevait dans quelques dimeries notamment à Vialle et à Montgacon près Maringues. Elle était également usitée dans les dépendances de l'abbaye de Menat. On la rencontre encore dans bon nombre de seigneuries, à Massiac, à Lastic et à Riom-ès-Montagnes, dans la Haute-Auvergne; à Lavaudieu, à Puy-Lavèze, à Busséol, à Mazoires, à Ebreuil, à Combrailles, à Saint-Dier, à Bongheat près Billom, à Durmignat, à Beauvoir près Montaigut, dans la Basse-Auvergne; et, du côté du Velay, dans la paroisse de Saint-Eble, dans les terres de Lafayette, de Vissac, etc. Parfois, la dime de charnage se bornait à la dime des bêtes à laine. Ainsi les décimateurs de Gerzat, de Saint-Genès-Champanelle près Clermont, de Saint-Hérem près Issoire, de Saint-Gal et Saint-Quentin près Ebreuil, percevaient la dime carnin, mais seulement sur les agneaux.

La dime de charnage était une des dimes les plus impatiemment supportées, surtout dans les paroisses où se percevait la dime des fourrages et celle de la laine. Payer la dime sur le foin et les grains, et payer encore non-seulement sur les bêtes qui mangeaient ce foin et ces grains, mais sur la laine de ces bêtes, cela paraissait une triple exaction à subir.

Dimes solites et dimes insolites.

Les dimes *solites* étaient les dimes ordinaires, accoutumées, celles qui étaient communément usitées.

En principe, tous les fruits quelconques, excepté cependant le produit des bois de haute futaie, devaient la dime. Mais tous n'y étaient pas assujettis partout. Là, tel fruit payait, qui, ailleurs était indemne; et tel autre ne payait pas, qui, dans une autre paroisse, était formellement décimable. C'était la coutume qui seule déterminait l'assiette de la contribution. En réalité, les seules dîmes qui fussent admises partout, qui fussent *solites* dans toute la France, étaient la dîme sur le froment et la dîme sur le seigle. Celles-là ne pouvaient nulle part passer pour *insolites*.

Les dîmes qui n'étaient pas d'un usage général bien reconnu, étaient qualifiées de dîmes *insolites*, et, en vertu d'une ordonnance de Philippe le Bel, de 1303, encore en vigueur, ne pouvaient être valablement exigées par les décimateurs.

En Auvergne, d'après Chabrol, une dîme était réputée insolite, lorsqu'il était établi que, depuis trente ans, elle n'avait pas été perçue dans le pays (1).

Il était fréquemment arrivé en Auvergne et ailleurs que, pour se soustraire à la dîme, des cultivateurs avaient changé leur mode d'exploitation et substitué aux cultures donnant des fruits décimables d'autres cultures dont les fruits n'étaient pas sujets à la dîme dans la paroisse. Ainsi dans des villages où la dîme du foin et du chanvre, par exemple, était insolite, des terres labourables furent converties en prairies ou en chènevières; et, comme ce n'étaient pas les terres, mais les fruits, qui devaient la dîme, les décimateurs se trouvaient ainsi dépouillés d'une partie de leurs revenus. De là, naturellement, de nombreux procès qui furent résolus tantôt dans un sens, tantôt dans un autre. A la fin du XVIIIe siècle, cependant, une

---

(1) Ailleurs il fallait quarante ans de non-usage. (Loriquet. *Cahiers de 1789, dans le département du Pas-de-Calais*, tome I.) C'était l'usage général qui faisait loi pour ou contre le décimateur. L'usage d'un particulier seul ne pourrait être invoqué. « La dîme est solite, dit Chabrol, dès qu'elle se paie dans le territoire, et elle ne peut » être insolite pour celui qui ne la paie pas, si les voisins la paient. Ainsi, on ne peut » alléguer qu'une dîme est insolite, si ce n'est pas l'usage dans tout le territoire. » (*Coutumes générales et locales de la province d'Auvergne*, avec notes et observations, par Chabrol. Tome II.)

jurisprudence à peu près constante regardait comme mal fondés dans leurs réclamations les décimateurs auxquels le changement de culture n'avait enlevé qu'un tiers de leurs anciennes dimes.

Les décimateurs furent quelquefois aussi lésés lorsque des champs produisant des fruits décimables étaient affectés à des usages de plaisance, parc, avenue, garenne, etc. Mais, malgré les réclamations du clergé, la jurisprudence s'était habituellement prononcée pour l'exemption.

Dans certaines provinces, notamment dans l'Artois, la Lorraine, la Franche-Comté, le Poitou, etc., des décimateurs étaient parvenus par ruse ou intimidation à exercer leur droit de dime sur les produits de plantes d'introduction récente, comme le colza, le maïs, l'œillette, la pomme de terre, bien que ces produits fussent incontestablement inaccoutumés (1). Mais ailleurs, les décimables regimbèrent et s'opposèrent à toute espèce de prélèvement sur les nouvelles récoltes, disant qu'une dime de cette nature rentrait absolument dans la catégorie des dimes insolites et par conséquent inexigibles.

En Auvergne, où la culture des pommes de terre ne remonte guère au delà de 1740 (2), les bénéficiers ou dé-

(1) Dans leur cahier, en date du 29 mars 1789, les habitants du village d'Annay en Artois demandent « qu'on veuille arrêter les entreprises des décimateurs qui, profitant » de la faiblesse du pauvre cultivateur, lui intentent des procès pour le contraindre à » payer une dime qu'il ne leur doit point, telle que colza, œillette, camomille, carottes, » *pommes de terre* et tabac, dont les communautés voisines sont exemptes.... (*Cahiers* » *des doléances de 1789, dans le département du Pas-de-Calais*, publiés par » Loriquet, Arras, 1891, tome I.) » Les habitants du village de Saint-Amand, dans la même province, demandent « que tous procès intentés pour exiger et innover la » dime sur les grains propres à battre en huile et sur les *pommes de terre*, œillettes » et autres espèces inusitées, soient éteints et anéantis. » (*Ibid.*)

(2) La date de 1740 est aussi celle que l'on indique pour les premiers essais de la pomme de terre en Nivernais. (*Intermédiaire des Chercheurs*, tome XXVI, page 53.)

D'après Legrand d'Aussy (*Voyage en Auvergne*, tome III), la culture de la pomme de terre aurait été introduite en Auvergne en 1771, par les soins du Gouvernement. Peut-être le Gouvernement a-t-il en effet favorisé et encouragé la culture de la précieuse racine ? Mais la date d'introduction est plus ancienne. Et, si cette culture ne re-

cimateurs ne semblent pas avoir essayé de leur appliquer
le droit de dîme. Du moins, n'ai-je trouvé trace d'aucune
tentative de ce genre.

Dîmes anciennes et dîmes novales.

On appelait dîmes *anciennes* celles qui étaient perçues
sur des récoltes provenant de terres cultivées de toute ancienneté; et dîmes *nouvelles* ou *novales*, celles prélevées
sur des terres autrefois en friche et ensemencées en récoltes sujettes à la dîme ou sur des terres cultivées mais
n'ayant produit que des récoltes non décimables.

Le nom de *novales* ne désignait pas seulement les dîmes

montait pas, comme en Lorraine, aux dernières années du XVIIe siècle, elle était certainement connue en Auvergne bien avant 1771.

En 1770, au dire des subdélégués de l'Intendance, il se récoltait aux environs d'Ambert
une assez grande quantité de pommes de terre ou *Truffes*, ainsi qu'on les appelait
généralement dans le midi de la France. En 1766, la pomme de terre était cultivée à
Vollore, près de Thiers et on la mêlait à la farine du blé pour en faire une sorte de
pain(*Intermédiaire des Chercheurs*, tome XXVI. — Jacqueton, *Etudes sur la ville
de Thiers*). Plus anciennement, un procès-verbal du 10 juillet 1760, dressé par un
correspondant du subdélégué d'Ambert et conservé aux Archives départementales du Puy-
de-Dôme (*Fonds de l'Intendance, série C, liasse 865*), constate que les habitants
du hameau de la Rodarie avaient planté des *truffes* ou pommes de terre dans des portions de communaux qu'ils avaient défrichées.

Etant donné l'esprit de routine de la plupart des paysans d'Auvergne, il n'est pas
admissible qu'une culture absolument nouvelle ait été tentée par eux d'emblée, en plein
champ, sans passer par des tâtonnements et par une période assez longue de petits
essais annuels. Il n'y a donc pas exagération à assigner à l'introduction de la pomme
de terre en Auvergne la date approximative de 1740, antérieure de vingt années à la
première mention de culture trouvée dans les documents administratifs de la province.
Il n'y avait pas d'ailleurs que la routine pour détourner les paysans de la nouvelle
culture. La pomme de terre avait mauvais renom dans le peuple; on la disait malsaine
et dangereuse pour la santé. On prétendait qu'elle donnait la lèpre. Tout au moins on
la considérait comme un aliment vil devant être réservé à la nourriture des animaux
ou à celle des misérables. Les gens de la Rodarie, dont il est question plus haut,
étaient comme honteux d'avoir planté des pommes de terre; et ils cherchaient à s'ex-
cuser en disant que, s'ils en avaient mis dans leur communal, c'était à cause de la
misère du temps et *pour se procurer quelques secours pour vivre avec leurs
familles*. En 1775, le curé de Paslières, près Thiers, voulant indiquer le degré de
misère auquel étaient tombés ses paroissiens; disait qu'ils se nourrissaient de *truffes* et e
châtaignes.

nouvelles; on l'appliquait aussi aux terres frappées par ces dîmes. Pour qu'une terre fût considérée comme *no-vale*, il suffisait que le décimateur n'y eût jamais perçu de fruits soit parce qu'il n'y en avait pas eu d'ensemencés, soit parce que ces fruits ne devaient pas de dîme. « Ces » distinctions donnaient lieu à une infinité de procès entre » les décimateurs et les curés. Les moindres objets occa- » sionnaient des enquêtes pour connaître l'ancien état des » lieux et des rapports d'experts pour faire l'applica- » tion et figurer l'emplacement des titres (1). »

Généralement les dîmes novales se payaient à un taux moins élevé que les autres dîmes.

Les dîmes novales étaient réservées à l'église paroissiale, de telle sorte que, s'il se trouvait dans la paroisse plu-sieurs décimateurs, c'était le curé, décimateur de droit, qui seul était fondé à les réclamer (2).

L'édit de 1768 qui éleva à 500 livres le chiffre des por-tions congrues, en abolissant la distinction entre les dîmes anciennes et les novales, avait coupé court à toutes les contestations. Toutefois beaucoup, non-seulement parmi les curés mais parmi leurs paroissiens, demandaient le re-trait de cet édit et le rétablissement des novales comme auparavant.

Dîmes de suite.

La dîme *de suite* était celle que le décimateur perce-vait, par droit de suite, dans une autre paroisse que celle de sa dîmerie, sur les troupeaux de ses décimables cou-chant hors de la paroisse ou sur les bestiaux passant l'hiver dans la paroisse et travaillant en été sur des terres situées dans une autre.

(1) Chabrol, *Coutumes d'Auvergne*, tome II, page 865.
· (2) En Espagne, les *novales* avaient été attribuées au roi par deux bulles des papes Grégoire XIII et Benoît XIV. (Deslevises du Dezert, *L'Espagne de l'ancien Ré-gime*. Paris, Lecène, in-8°, 1897.)

Dans la Marche, la coutume voulait que si la terre portant les fruits décimables est située dans une dimerie, et les bestiaux qui la travaillent dans une autre où ils paissent et couchent, la dîme fut partagée entre les propriétaires des deux dimeries. Dans quelques lieux ce droit de suite était appelé *Reilhage*, dans d'autres *Trainage* et ailleurs *retour de bœufs* (1).

La dîme de suite était reconnue non-seulement dans la Marche, mais dans le Nivernais, le Berry et le Bourbonnais. Elle était usitée aussi dans quelques paroisses de la Basse-Auvergne limitrophes de ces provinces; toutefois elle n'est pas mentionnée dans la *coutume d'Auvergne*.

Dimes de charité.

On donnait ce nom dans certains villages à des dîmes perçues et employées exclusivement en faveur d'œuvres de charité. Ainsi, à Romagnat, près Clermont, le curé faisait chaque année le recouvrement d'une dîme, dont le produit, évalué approximativement à 1,800 livres, était consacré uniquement au soulagement des pauvres de la paroisse. Le 31 décembre 1791, c'est-à-dire après l'abolition des dîmes, les officiers municipaux, craignant des violences et des troubles, demandèrent au Directoire du département des secours en argent pour tenir lieu aux pauvres de la part de dîme qu'on avait coutume de leur distribuer.

Quelquefois, des dîmes de charité étaient levées sur une paroisse au bénéfice des pauvres d'une paroisse voisine. Celles-là paraissaient encore plus onéreuses que les autres.

(1) Chabrol. — *Glossaire du Droit français*, par Ragueau et de Laurière, aux mots: *Reilhage* et *suite de dîme*.

II

AU PROFIT DE QUI ÉTAIENT PERÇUES LES DIMES.

En vertu de l'origine qu'on leur prêtait généralement, les dimes auraient dû être la propriété exclusive des curés et pasteurs des paroisses. On a vu qu'il n'en était pas ainsi et que, si les curés en avaient conservé une portion, la majeure part était entre les mains, soit des seigneurs laïques, soit de membres du haut clergé régulier ou séculier.

Cette prise de possession des dimes par d'autres que le curé s'était effectuée peu à peu dans les premiers siècles tantôt par usurpation et abus d'autorité en vertu du droit du plus fort, tantôt d'une façon toute naturelle, par la force des choses, lorsque, par exemple, des religieux, à défaut de prêtres séculiers, étaient venus remplir dans les paroisses les fonctions curiales ; ou bien, lorsque des villages s'étant formés autour des monastères, les moines de ces monastères avaient été les premiers pasteurs des nouveaux groupes d'habitation.

Toutefois, si les gros décimateurs percevaient les produits de la dime, ils étaient assujettis à diverses charges correspondantes. Les lois et les coutumes leur avaient imposé des obligations plus ou moins précises relativement à l'entretien des objets du culte, aux réparations de certaines parties des églises et à la subsistance des curés(1). Ils devaient aussi venir en aide aux pauvres et aux établissements charitables de la paroisse. Malheureusement, un

(1) Les charges imposées sur les gros décimateurs n'étaient pas toutes dans l'intérêt des églises et des curés. Certains seigneurs exerçaient aussi des prélèvements à leur profit personnel. Ainsi le seigneur de Chaslus avait le droit de prendre *par préciput* deux septiers de froment sur toutes les dimes perçues par le chapitre de Billom dans son fief de Chaslus.

Le duc de Bouillon prélevait aussi un préciput sur une dime dont il jouissait à Laps, indivisément avec l'abbé de Manglieu, l'abbé du Bouchet et autres.

grand nombre se montrèrent plus disposés à conserver et entasser leurs revenus qu'à exécuter leurs obligations d'humanité. Aussi, que de récriminations contre eux, que de plaintes, que de procès même à l'occasion !

Dans la plupart des provinces de France, les cahiers de 1789 sont remplis de doléances à ce sujet. En Auvergne, ces doléances n'avaient pas attendu cette date pour se produire. En 1775, les évêques de Clermont et de St-Flour ayant — probablement en vertu d'ordres du roi — ouvert une enquête dans toutes les paroisses de leurs diocèses, pour connaître la situation et les revenus des établissements de charité, plusieurs des curés interrogés ne craignirent pas de révéler franchement la conduite peu évangélique de certains décimateurs. « Je rougis, écrit le curé de Dorat, » en certifiant que dans l'espace de 25 ans, je n'ai pu » recevoir (d'un religieux, décimateur dans la paroisse), un » signe de bonne volonté envers les misérables. — Le » patrimoine de l'église et par conséquent des pauvres, » dit d'autre part le curé de Dore, se trouve entre les » mains d'opulents cénobites, sans titre réel, sans juridic- » tion, sans sollicitude. » — Celui de Noalhat affirme que les religieux de l'abbaye de Saint-Maur, d'Issoire, quoique levant de nombreux revenus dans sa paroisse, n'ont pas, depuis 28 ans, donné une obole aux pauvres. A Teysson- nière, au dire du curé, l'abbé du Moutier de Thiers, per- cevait également des dîmes, mais n'exerçait aucune cha- rité (1). Et il y avait bien d'autres paroisses où les choses se passaient de la même manière.

En revanche, il se rencontrait des prêtres pleins de dé- vouement et de zèle qui employaient non-seulement leurs dîmes mais même leurs revenus patrimoniaux pour amé- liorer la situation matérielle de leurs ouailles. Témoin cet abbé Faye, curé de Creste, près Issoire (2), lequel, s'il faut

(1) *Archives départementales, fonds de l'Intendance*, série C., liasse 927 et sui- vantes.

(2) Cet abbé Faye, curé de Creste, est vraisemblablement le même qui, dans les

en croire le journal de Dupont de Nemours, *les Ephémé-*
rides du Citoyen, donnait à ses paroissiens des leçons pra-
tiques d'agriculture et d'arithmétique et leur faisait de ses
deniers des avances qui leur permettaient d'acheter
outils et bestiaux et de multiplier les défrichements. Il
ne manquait pas non plus de décimateurs qui, avec plus
ou moins de largesse, consacraient à des charités, une
partie du produit de leurs dimes (1).

D'autres gros décimateurs du Bourbonnais et de l'Auvergne, plus généreux, plus compatissants ou peut-être
plus désireux de popularité, avaient pris l'habitude de
donner à diner à tous les redevables de leur dimerie, le
jour de la perception (2). Et cependant cela était contraire
à l'ordonnance de Blois de 1579 qui faisait défense aux
débiteurs de dimes, champarts et autres droits, d'exiger
aucuns banquets, buvettes, frais et autres dépenses de
bouche.

Cet usage s'était établi, on ne sait à quelle date, dans
plusieurs paroisses de la région d'Ambert, notamment à
Bertignat et à Tours où les dimes appartenaient aux chanoines de la cathédrale de Clermont et à Saint-Gervais-
sous-Meymont, où elles étaient perçues par l'abbaye de

---

premières années du xixe siècle, fit campagne contre le Concordat et devint le fondateur
d'une secte bizarre dont les adhérents furent connus sous le nom de *Nanets*. (Voir:
*L'Exécution du Concordat et la petite église dans le département du Puy-de-
Dôme, par Francisque Mège*. Clermont, Bellet, 1895.)

(1) Dans bon nombre de baux il y avait des clauses spéciales. Ainsi, l'abbaye de
Manglieu réservait dans ses fermes une quantité déterminée de grains *pour l'aumône*.
Ainsi encore, à Saint-Dier, les bénédictins de La Chaise-Dieu, propriétaires de terres
et de dimes d'un produit total de 11,664 livres, imposaient à leurs fermiers la distri-
bution de douze septiers quatre cartons de seigle aux pauvres de la paroisse.

(2) *Coutumes générales et locales du pays et duché de Bourbonnais, avec
commentaires, par Auroux des Pommiers*, Paris, 1732. — Dans la Marche, il y
avait aussi, de temps immémorial, des *diners de dimes* auxquels assistaient parfois
les décimateurs. Ces repas étaient donnés aux décimables pour leur tenir lieu de
l'indemnité pécuniaire que l'usage obligeait les décimateurs à payer, à titre de contribution aux frais de moisson, de javelage et de liage des gerbes de la dime. (*Couturier
de Fournoue, Coutumes de la province et comté-pairie de la Marche*. Clermont,
Viallanes, 1744.)

La Chaise-Dieu. A l'origine, le repas de la dime avait lieu dans ces paroisses le jour de l'adjudication annuelle. Plus tard, les frais du repas, dont le chiffre était forcément aléatoire, avaient été convertis en une somme fixe de 100 livres qui était payée aux habitants par les fermiers des décimateurs. Plus tard encore, ces repas ayant donné lieu à des disputes et à des querelles, les habitants s'étaient entendus pour les supprimer et pour employer *les dinaux*, comme on appelait la somme abandonnée par les décimateurs, soit à acheter l'huile nécessaire à la lampe toujours allumée de l'église, soit à aider aux réparations des bâtiments de ladite église (1).

Généralement, les décimateurs ne recueillaient pas eux-mêmes leurs portions de fruits, ils les faisaient percevoir par des domestiques ou des collecteurs spéciaux; ou bien ils accordaient aux débiteurs des abonnements pour une somme fixe en espèces ou en nature portable annuellement à domicile. Mais le plus souvent, ils affermaient chaque année leurs dimes moyennant un prix déterminé payable en un ou plusieurs termes. De cette façon ils s'évitaient les désagréments et les ennuis inséparables de toute perception en détail et en nature et ils se procuraient l'avantage d'un revenu certain. On affermait même quelquefois des dimes *abonnées*.

Suivant l'importance de la dime, les fermiers étaient ou des cultivateurs du lieu, ou des marchands, des bourgeois, des notaires ou hommes de loi des villes voisines (2), mais presque jamais des gens de qualité. Ce n'était plus comme au XVIIe siècle où la noblesse ne craignait pas de spéculer sur les dimes et où les Grands-Jours d'Auvergne, renouve-

(1) Mémoire du 10 novembre 1751, signé par M. Roche, correspondant, à Saint-Amant-Roche-Savine, du subdélégué d'Ambert. *(Archives départementales, fonds de l'Intendance, série C., liasse 1832.)*

(2) Parmi les dimes appartenant aux Carmes déchaussés de Clermont, l'une, celle de Pont-du-Château, avait pour fermiers un maître en chirurgie et un marchand de cette v¹l e. Une autre, à Bergonne, était affermée au maître de poste de Veyre.

lant les prohibitions édictées par l'ordonnance de Blois,
durent faire défense aux gentilshommes de se rendre fermiers de dîmes, sous peine d'être inscrits au rôle des
tailles comme roturiers. Quelquefois, c'était un prêtre de
la paroisse, un communaliste, ou bien encore c'était le curé
lui-même qui devenait le fermier et qui ensuite sous-affer-
mait à qui bon lui semblait (1). D'autres fois même on
voyait des couvents prendre des dîmes à ferme. Ainsi, au
cours du XVIIIᵉ siècle, les religieux bénédictins de l'abbaye
Saint-Austremoine, d'Issoire, restèrent pendant de longues
années fermiers des dîmes appartenant à leur abbé com-
mendataire.

La ferme était payable soit en une somme d'argent ou
une part des fruits décimables, soit en un prix composé
de produits quelconques même différents de ceux compris
dans la dîme (2).

On estimait d'ordinaire que, pour être indemnisés de
leur travail et de leurs dépenses, les fermiers des dîmes
devaient avoir pour eux, entièrement quitte, au moins
un cinquième du montant de la dîme (3). Mais leur bénéfice était souvent bien plus considérable, et ils cherchaient
à l'accroître par tous les moyens, même par la ruse et la
violence. Aussi n'était-il pas rare que la récolte des dîmes
fut accompagnée de rixes et même d'émeutes. En 1753, à
Céaux, près La Chaise-Dieu, les fermiers des chanoines de

---

(1) Elie Jaloustre, *Histoire de Gerzat*, chapitre XII. — Au contraire, dans quelques provinces on voyait de mauvais œil les prêtres devenir fermiers. En 1789, le
tiers état de Saint-Omer chargeait ses députés de *demander une loi qui défende
aux ecclésiastiques et communautés religieuses de prendre en loyer les terres
et dîmes d'autrui et qui défende également aux seigneurs de prendre en location
aucune dîme dans l'étendue de leurs seigneuries.*

(2) Dans les environs de Langeac, le seigneur jouissait d'une dîme de chanvre
abonnée moyennant cent aunes de toile par an. Quant aux dîmes en blé, grains, elles
étaient habituellement abonnées en nature. Seulement il était très souvent stipulé que
les abonnements ou les prix de ferme seraient payés en *blé tiercé*, c'est-à-dire en grains
de trois espèces, par exemple : un tiers froment, un tiers conseigle et un tiers orge
ou *pamoule.* Quelquefois l'une des céréales était remplacée par des fèves.

(3) *Archives départementales, fonds du district d'Issoire. Domaines. Liasse 33.*

Saint-Paulien étant venus percevoir les dîmes, escortés de gens armés et armés eux-mêmes, et ayant menacé de mettre le feu aux plongeons ou meules de blé si l'on s'avisait de les faire hors de leur présence, les habitants exaspérés les avaient fortement maltraités, et, après avoir enfoncé les portes de la grange où étaient déposés les produits de la dîme, avaient jeté au vent les gerbes déjà recueillies (1).

III

PAR QUI ÉTAIENT DUES LES DIMES.

La dîme ne frappait pas uniquement les propriétés du tiers état comme beaucoup le croient. Il était admis qu'à moins de titre contraire tout le monde devait la dîme, tout le monde, nobles et roturiers, catholiques, hérétiques ou juifs. Les chapitres, les monastères, les bénéficiers, les hôpitaux n'en étaient pas plus dispensés que les simples particuliers. Tout ce qui est prescrit par le droit divin étant obligatoire pour tous et la dîme étant considérée comme de droit divin, on estimait que nul ne pouvait en être exempt. C'était là le principe.

La pratique n'était pas aussi rigoureuse. A diverses époques, l'ordre militaire de Malte et les grands ordres monastiques de Cluny, de Clairvaux, de Prémontré, etc., avaient obtenu des papes le privilège de l'exemption de la dîme. Il est vrai de dire que la jurisprudence française avait constamment lutté contre ces concessions de priviléges

(1) *Archives départementales, fonds de l'Intendance, série C, liasse 1538.* — En 1736, les habitants de Saint-Dier et de plusieurs paroisses voisines où l'abbaye de La-Chaise-Dieu percevait des revenus composés en grande partie de dîmes, écrivirent à l'Intendant pour se plaindre de ce que le sieur Borie, greffier en chef de l'Élection de Clermont et fermier de l'abbaye, faisait lui-même et à main armée ses perceptions pour lesquelles il était ordinairement escorté de plusieurs satellites qu'il appelait ses *lévriers* et qui jetaient l'épouvante dans le canton. (*Inventaire des Archives départementales, premier volume, liasse 702.*)

et que l'ordre de Malte seul avait été reconnu sans contestation comme ayant le droit de ne payer aucune dime sur les terres dépendant de ses commanderies.

En fait, à la fin de l'ancien régime, quantité de biens d'église étaient affranchis de la dime, ainsi que bon nombre de propriétés laïques. Au moment de l'inféodation, les seigneurs avaient naturellement excepté de la dime les terres leur appartenant en propre; et ces terres avaient continué à bénéficier de l'exemption après avoir été l'objet de cessions et rétrocessions (1).

Divers conciles du moyen-âge et à leur suite plusieurs papes se fondant sur ce que la dime est une dette envers Dieu, avaient édicté la peine de l'excommunication et de la privation de sépulture contre ceux qui refusaient ou empêchaient de payer la dime; mais ces peines n'étaient habituellement pas appliquées en France.

Chabrol raconte cependant qu'au xvᵉ siècle l'évêque de Clermont excommunia les habitants de Joze, près Maringues, qui s'étaient opposés à la perception des dimes. Plus récemment, à la fin du xviiᵉ siècle même, l'évêque de Saint-Flour avait excommunié les habitants de Val-sous-Châteauneuf, près Issoire, qui refusaient de livrer la dime entière à leur curé, sous prétexte qu'ils avaient le droit de percevoir trente gerbes avant tout paiement (2).

En dehors des lois ecclésiastiques, les lois civiles étaient intervenues à plusieurs reprises pour protéger les droits des décimateurs. Diverses ordonnances royales prononcèrent de fortes amendes contre ceux qui ne se conforme-

---

(1) Parmi les terres de notre province affranchies de la dime on peut citer, à titre d'exemples : la seigneurie de Joust, paroisse de Saint-Germain-sous-Usson ; la seigneurie de Prades, paroisse de Saint-Pierre-Roche ; le fief de Bonnerie, près Vollore ; partie de la terre de Mondory, près Issoire ; partie de la seigneurie d'Aubière ; partie de la seigneurie d'Echandelys ; partie des vignes de Marsac, près Riom, etc. D'autres seigneuries, comme la terre de Bizaudun, près Aurillac, étaient exemptes de dimes mais devaient contribuer néanmoins à la portion congrue du curé de la paroisse.

(2) Chabrol. *Coutume d'Auvergne*, tome I, page 126.

raient pas aux formalités prescrites pour le paiement des
dîmes et ceux qui détourneraient ou recéleraient les fruits
décimables. Mais il est à croire que ces ordonnances étaient
fort peu appliquées, car les assemblées du clergé en réclamèrent plusieurs fois l'exécution dans leurs remontrances.

IV.

QUOTITÉ ET MODE DE PERCEPTION DE LA DIME.

Quotité de la dime.

Au sens étymologique du mot, la dîme, *decima*, aurait
dû être la dixième partie du produit décimable. Mais il
n'en était pas ainsi.

Par suite de conventions, de tolérances successives
motivées par la diversité des cultures, par le plus ou le
moins de fertilité des terres et de rendement des récoltes,
des usages particuliers s'étaient établis dans chaque localité et ces usages devenus coutumes avaient force de loi.

Le taux de la dîme sur une récolte variait souvent, sans
raison apparente, de paroisse à paroisse et différait même
de dimerie à dimerie dans la même paroisse. Il arrivait
même quelquefois que dans l'étendue d'une dimerie appartenant à un seul propriétaire, des terroirs ou cantons limitrophes étaient frappés de dîmes de quotités inégales.

« La dîme flotte du dixième au trentième du produit
» brut, dit M. Taine dans son *Ancien régime* (1), et ordi-
» nairement se rapproche plus du dixième que du tren-
» tième. La moyenne est, à mon avis, du quatorzième, et
» comme il faut défalquer moitié du produit brut pour les
» frais de culture, elle est du septième. Letrosne dit le
» cinquième et même le quart. »

Dans la Basse-Auvergne, la moyenne ne serait pas très-

---

(1) *Les origines de la France contemporaine.* Tome I. *Ancien régime,* page 485.

facile à établir exactement. On trouve des dîmes depuis la septième partie à Lastic, et à Briffons dans la seigneurie de la Garde Ferradière appartenant au seigneur de Langeac - Préchonnet (1), jusqu'à la quarantième à Saint-Amant-Roche-Savine. Il y en avait à la dixième partie (gerbe, sillon, hottée, pot, poignée ou mesure quelconque), à la 11me, à la 13me, à la 14me, à la 15me, à la 16me, à la 18me, à la 19me, à la 20me, à la 21me, à la 22me, à la 30me, à la 40me et probablement à d'autres taux intermédiaires (2). Et, s'il y avait variété suivant les pays, il y avait encore variété suivant la nature des produits décimables.

D'ordinaire, la coutume voulait que la dîme se perçût en nature, par le prélèvement d'une quantité convenue prise sur les fruits récoltés. Mais, quoique la coutume fît loi, il y avait souvent été dérogé, soit tacitement, soit de

(1) Acte de foi et hommage de juillet 1669 présenté au Bureau des finances de Riom. (*Archives départementales du Puy-de-Dôme. Intendance, liasses: dîmes inféodées*). — A Saint-Ilpize, élection de Brioude, le seigneur percevait aussi une dîme à la 7me partie sur les fruits de certaines vignes.

(2) Il est inutile, et d'ailleurs il ne serait pas aisé, faute de documents suffisants, d'indiquer en détail le taux de la dîme dans chacune des paroisses de la province. Nous nous contenterons de citer quelques noms : *Dîmes à la* 10me *partie :* à Orsonnette, Bansat, Aulhat, Flat, Brenat, Saint-Genès-Champanelle, Saint-Pierre-Roche, Clermont, Aubière, etc. — *A la* 11me *partie :* à Montaigut-le-Blanc, Ludesse, Champeix, Saint-Hérem, Mareuge, Sermentizon, Chanonat, Saint-Julien-de-Coppel, Tallende, Neschers, Brassac, Jumeaux, Messeix, Gerzat, Saint-Georges, Aubière. Villossanges, etc. — *A la* 13me *partie :* à Noalhat près Thiers, à Saint-Gervais, à Saint-Quentin, à Merdogne élection de Saint-Flour. — *A la* 14me *partie,* à Val-sous-Château-neuf. — *A la* 15me *partie* . à Saint-Pierre-Colamine, etc. — *A la* 16me *partie :* à Bourassol, Ménétrol, Mozac, Riom, etc. — *A la* 18me *partie :* à Bonnat élection de Brioude. — *A la* 19me *partie :* à Brenat, Orbeil, etc. — *A la* 20me *partie :* à Chadeleuf, Tourzel, Neschers, Gignat, etc. — *A la* 21me *partie :* à Montaigut-le-Blanc, Ludesse, Champeix, Saint-Sandoux, Saint-Saturnin, Saint-Amant-la-Cheire, Issoire, Saint-Floret, Neschers, Solignat, Vic-en-Carladès, etc. — *A la* 22me *partie :* à Gerzat, etc. — *A la* 30me *partie :* à Gerzat, etc. — *A la* 40me *partie :* à Saint-Amant-Roche-Savine.

On trouve des dîmes levées à des taux singuliers. Ainsi à Charensat, au Montel-de-Gelat et sur les confins de la Marche, il se percevait des dîmes à raison de deux gerbes sur vingt-cinq ; et dans les terres du prieuré de Saint-Martin-de-Perol et Perpezat, des dîmes à raison de quatre gerbes sur vingt-cinq, et d'autres à raison de deux gerbes sur vingt et une.

convention expresse. À la suite d'accords et de transactions entre décimateurs et décimables, et dans l'intérêt des uns et des autres, des moyennes avaient été établies et des abonnements à prix fixes et invariables avaient été contractés pour des périodes déterminées ou indéfinies. De cette façon chacun savait positivement ce qu'il avait à payer ou ce qu'il avait à recevoir. Une quotité précise se trouvait ainsi substituée à une dîme en nature variant chaque année suivant la température et le plus ou moins d'abondance de la récolte. Les décimateurs avaient par ce moyen à percevoir soit une rente globale certaine, soit une somme d'argent calculée d'après le nombre des bestiaux décimables ou d'après l'étendue des terres (tant par septerée, éminée ou cartonnée, tant par domaine ou ténement), soit enfin une quantité déterminée et toujours semblable de blé, de vin, ou bien de grains de tel ou tel poids. Dans quelques paroisses on avait imaginé d'autres arrangements. On cédait au curé, pour lui tenir lieu de la dîme, la jouissance de certains fonds.

Il y avait des combinaisons de tout genre pour ces abonnements.

Dans la paroisse de Marcenat, un abonnement avait été établi en vertu duquel les habitants de certains villages ne payaient au curé que quatre cartons de seigle en tout, tandis que certains autres, limitrophes, payaient *pour toute dime* un pain de vingt-cinq livres ou une quarte de seigle par chaque paire de bœufs ou vaches employés à la culture. Les habitants qui n'avaient pas de bestiaux *arans* ou de travail ne payaient rien.

A Thiers, la dîme des vignes était de un sou par œuvre.

Ailleurs, chaque bête à laine était taxée à quinze deniers par an pour tenir lieu de la dîme des agneaux.

A Saint-Amant-Roche-Savine, les décimateurs avaient à percevoir dix sous par an sur chaque chef de famille, le lendemain de Pâques, et dix sous lors de son enterrement. La seule récolte frappée d'une dîme en nature était le froment, et encore ne supportait-elle la dime qu'à la quarantième gerbe.

La dime n'était pas le seul prélèvement en nature exercé sur les récoltes des malheureux cultivateurs. Dans certaines paroisses, il se percevait au profit des décimateurs laïques ou ecclésiastiques des droits appelés, suivant les lieux, *Champart, Agrier, Terrage* ou *Percière*.

Quand ces droits étaient dans la même main que la dime, il n'était souvent perçu que l'une ou l'autre des deux redevances. Il arrivait cependant, pour le plus grand dommage des débiteurs, que droits et dime se superposaient sans se confondre, de telle façon que les mêmes produits avaient à supporter comme deux dimes consécutives (1).

Dans certaines dimeries, c'était le champart qui était levé avant la dime, dans d'autres c'était la dime qui passait la première.

Quelquefois les redevances en quotités de fruits payées à des seigneurs étaient qualifiées de *dimes seigneuriales*. A Plauzat, on appelait *le dime* certain champart levé à la dixième gerbe.

En Auvergne, les noms de *Terrage* et d'*Agrier* étaient à peu près inconnus. On n'y rencontre que le *Champart* et la *Percière*.

Le chapitre de la cathédrale de Clermont, ceux du Port et de Saint-Genès de la même ville, pour ne parler que des principaux, prélevaient sur les mêmes terroirs des dimes et des percières considérables; mais il serait diffi-

---

(1) L'abbaye de Saint-Pierre-de-Gand en Artois, percevait chaque année, au dire des habitants, dans les paroisses d'Harnes, Annay et Loison « dime, terrage et » rente sur le même corps de terre et même quelquefois deux fois chaque année sur » le même corps de terre, ce qui lui produisait plus de la moitié des revenus de la » totalité du terroir. » (*Cahier des Doléances de 1789 dans le Pas-de-Calais*, tome I, page 393.) — « Le sol du pays, dit le cahier d'Herly, est généralement fort » médiocre et peu fertile, chargé dans la plupart des paroisses de grand dixme et au » par-dessus d'un droit de terrage. (Id., tome II, page 287.)

cile de dire exactement si ces redevances étaient exigées
toutes les deux ou l'une d'elles seulement. Ce qui est certain c'est qu'il existait des terres à la fois décimables et
perciérales ou *parcerales*, dans lesquelles les deux prélèvements en nature étaient exercés mais par des personnes
différentes, la dîme par exemple appartenant au curé, et
la percière étant due au seigneur.

Le taux des percières n'était pas uniforme en Auvergne.
Il s'élevait parfois au tiers, mais il n'était souvent que du
quart, du cinquième, du sixième, du huitième ou même
du dixième du produit, et variait non-seulement de justice à justice, de paroisse à paroisse, mais dans la même
justice, dans la même paroisse et jusque dans le même
terroir. Il en était de même du champart.

Aux dîmes ordinaires et aux champarts, venaient
encore s'ajouter parfois d'autres contributions en nature
non absolument obligatoires sans doute mais difficiles à
éviter néanmoins, comme les *quêtes* faites par les vicaires
pour leur subsistance et leur entretien. « Qu'il soit défendu
» aux curés ainsi qu'aux vicaires, demanda le tiers état
» de Salers, de tirer sous le nom de *quêtes* la plus légère
» rétribution des laboureurs et autres habitants des cam-
» pagnes (1). » — « Sa Majesté sera suppliée, dit de son
» côté le tiers état de Saint-Flour, d'augmenter les por- ·
» tions congrues des curés et vicaires, au moyen des-
» quelles ils ne pourront exiger ni recevoir aucun droit de
» casuel, *quêtes*, ni autres rétributions quelconques,
» quand même elles leur seraient offertes volontaire-
» ment (2). »

Onéreuses aux paroissiens qui les considéraient comme

(1) *Cahier commun des doléances du bailliage de Salers et paroisses en res-
sortissant*, publié par M. François Boyer. (*Auvergne historique*, mars et
avril 1894.)

(2) *Archives parlementaires*, tome VI, page 603. — « On supprimera les quêtes
» de vicaires, avilissantes pour eux, onéreuses aux peuples, » disait aussi de son côté
le tiers état d'Anjou. (*Archives parlementaires*, tome II, page 41.) — De même, à
Châtellerault, on demandait « de payer convenablement les vicaires, afin qu'ils n'ail-

une *espèce de dime* (1), une dime surérogatoire, ces quêtes n'étaient pas moins désagréables aux prêtres que la nécessité obligeait à les faire. « Que le droit répugnant de » casuel forcé soit aboli, demandait en 1789 le clergé du » Mans, pour que l'on oublie jusqu'au nom de portion » congrue et de *quête de vicaire* si humiliante pour le » clergé ! »

Époque et mode de perception de la dime.

Il était généralement admis que la dime devait se lever aussitôt que les fruits étaient recueillis, sans aucune déduction des dépenses effectuées, soit pour la culture et l'ensemencement des terres, soit pour la récolte des produits. En Auvergne, cependant, la dime avait subi un adoucissement que l'on ne retrouve pas dans toutes les provinces. Dans plusieurs paroisses, la coutume accordait aux cultivateurs un *droit de léger*, c'est-à-dire le droit de prélever, avant le paiement de la dime, un nombre de gerbes, soit fixe, soit proportionné à l'étendue du champ. Ce droit aurait été établi, paraît-il, pour indemniser le cultivateur de la semence qu'il fournissait seul sans que le décimateur y contribuât (2).

» lent plus fatiguer par leurs quêtes de pauvres gens qui ont souvent besoin eux-mêm
» qu'on leur fasse l'aumône. » (*Ibid.*, tome II, page 696.) — Un mémoire de la Société royale d'agriculture cité par Boiteau. (*État de la France en 1789*, page 445), prétend que dans certaines contrées les vicaires avaient le droit, avant tous autres glaneurs, d'aller dans les champs de la paroisse ramasser leur moisson d'épis. Je n'ai trouvé aucune trace de ce droit en Auvergne.

(1) « Que l'état ecclésiastique.... ne doit point envoyer les derniers venus en quête » chez le peuple, au grain, à la viande, au beurre, aux œufs... et autres denrées, *ce* » *qui fait encore une espèce de Dime.* » (Cahier de la paroisse de Beaufort en Artois, dans les *Cahiers des doléances du Pas-de-Calais*, publiés par Loriquet, Arras, 1891.)

(2) *Coutumes locales de la province d'Auvergne*, avec commentaires, par Chabrol, tome II. — Un droit analogue existait dans la coutume de la Marche. Pour dédommager le cultivateur de ses frais de moisson et de liage de gerbes, l'usage était que le décimateur lui payât douze sols six deniers par chaque étendue de terre composant les héritages d'une paire de bœufs. (Voir : *Coutumes de la province et comté de la Marche, par Coulurier de Fournoue.* Clermont, Viallanes, 1744.)

L'exercice de ce droit de *léger* soulevait de fréquentes contestations, parce que les décimables ne savaient pas résister à la tentation de frauder et grossissaient plus que de raison, au détriment de la dime, les gerbes qu'ils devaient prélever.

Là où les terres produisaient chaque année, la dime était annuelle. Mais lorsque les terres se reposaient et restaient en jachère, les décimateurs n'avaient rien à prétendre.

Il n'y avait pas plus d'uniformité dans la manière de percevoir la dime que dans la fixation de sa quotité. Chaque paroisse, chaque territoire, chaque seigneurie avait sa coutume et ses usages. En principe, toute dime était *quérable*, c'est-à-dire que le décimateur devait la prélever personnellement, ou par ses fermiers ou délégués, dans le champ même. Mais en réalité la règle avait subi de nombreuses exceptions; et dans la même paroisse, à côté de champs dans lesquels le décimateur venait quérir ou chercher sa part de récolte, il se trouvait d'autres terres limitrophes dont la dime devait être *portée* par le propriétaire récoltant dans la grange ou le grenier du décimateur. Voici cependant comment cela se pratiquait le plus généralement.

Pour les *récoltes en grains*, la dime était perçue en gerbes au champ, le jour même de la moisson, par les décimateurs ou leurs représentants; et défense était faite d'enlever la récolte avant d'avoir payé la dime. Si cependant les dimiers ou collecteurs étaient absents, on pouvait laisser sur le sol, si l'on emmenait la récolte, ou sur le *plongeon* ou meule, si on la laissait sur place, le nombre de gerbes réglementairement dû. Dans ce cas, et tant que les gerbes de dime n'avaient pas été retirées du champ, il était interdit d'y faire pâturer les bestiaux (1).

_____

(1) Les gerbes de dime étant confondues ensemble et comprises sans distinction dans les mêmes moutures, les grains en provenant ne passaient pas comme étant de pre-

Lorsque, prélévement fait de la dime au taux accoutumé, il restait encore des gerbes de surcompte, lorsque, par exemple, sur une récolte de soixante-neuf gerbes, le décimateur à la dixiéme partie avait pris six gerbes, les trois gerbes de surplus ou *gerbes surnuméraires*, ainsi qu'on les appelait, devaient légalement la dime comme les autres. Cependant, dans certaines paroisses, l'usage s'était établi de les considérer comme exemptes.

Dans quelques endroits, le décimateur prenait livraison de la dime dans les bâtiments du laboureur récoltant, ou bien on la lui conduisait dans une grange à ce spécialement affectée. Ailleurs, mais plus rarement, la dime du blé se payait après le battage et le décimateur emportait le grain et la paille, à moins que la coutume fût de laisser la paille au cultivateur comme dédommagement des frais de battage (1).

Les cultivateurs tenaient particuliérement à leur paille, et c'était pour eux un vrai créve-cœur de la voir enlever pour servir à engraisser les terres des paroisses étrangères où habitaient les fermiers des décimateurs. Aussi les plaintes à cet égard étaient-elles fréquentes.

Pour *les vignes*, le décimateur prélevait sa part soit en hottées, paniers ou bachollées de vendange dans la vigne même, soit en *pots* de vin, d'une contenance variable suivant les lieux, mais plus habituellement de quinze ou seize litres, lesdits pots livrables au pressoir ou à la cave du décimateur (2).

Pour le *chanvre*, la dime se percevait dans le champ, quelquefois au poids mais plus ordinairement par *menou*

mière qualité. On les évaluait d'habitude un dixième en moins *à cause du grand mélange qui se trouve des différents héritages bien ou mal semés et cultivés et d'autres qui sont remplis de mauvaises graines mélangées avec le bon grain.*

(1) Il y a quelques rares exemples de terres où le seigneur levait la dime des pailles, même sur des récoltes dont le grain était dû à d'autres.

(2) Dans beaucoup de vignobles, à Ebreuil notamment, la dime du vin se prélevait à la dixième ou à la onzième bachollée de raisins. — Dans certaines paroisses de l'Election de Brioude, la perception se faisait *à raison de dix pleins paniers, un.*

ou *manou,* c'est-à-dire par poignées, et par mesures de chénevis. Dans quelques localités, le récoltant donnait d'abord aux ouvriers chargés de la cueillette le onzième *menou* et la dîme ne se prenait que sur le surplus.

Pour les autres menues dîmes en grains, les comptes se faisaient soit au poids soit à la mesure.

En ce qui concerne les dîmes de *charnage,* il y avait aussi des particularités. Ainsi, pour les *agneaux,* la dîme qui était le plus ordinairement de dix agneaux un, se percevait sans choix, au hasard, en comptant les animaux au sortir de la bergerie. Elle devait être payée au plus tard au commencement de mai (1). Le taux de la dîme des toisons de brebis suivait celui de la dîme des agneaux. Quant à la dîme des *cochons,* elle était exigible six semaines après le jour de la naissance, et se levait au dixième habituellement.

Dans certaines paroisses, au lieu de délivrer pour la dîme une part de la récolte abattue, on laissait au décimateur une part de récolte sur pied, tant de sillons de blé, tant de rangées de ceps, le onzième ou le vingtième sillon, la onzième ou la vingtième rangée, selon que la dîme était à la onzième ou à la vingtième partie. Dans ce cas c'était le décimateur qui faisait procéder lui-même à la récolte de sa part. Enfin, il arrivait — on n'en connaît guère d'exemples en Auvergne — que, dans la crainte d'avoir des difficultés et des procès avec les fermiers des dîmes, lesquels étaient souvent des hommes dépourvus de scrupules et expérimentés en chicane, on laissait ces fermiers entièrement libres de lever la dîme à leur fantaisie (2).

---

(1) A Mourjou près Maurs, dans la Haute-Auvergne, les habitants devaient un agneau sur onze. Au-dessous de onze, ils payaient un sol par tête.

(2) «... Après la récolte, le fermier de la dîme va enlever dans les maisons, à sa » volonté, ce qui lui convient. Pour éviter d'entrer en difficultés avec un procureur du » siège, fermier du chapitre de Commercy, décimateur, on prend le parti de le laisser » décimer comme il veut. » (*Remontrances des habitants de Mesnil-la-Horgne,* *bailliage de Commercy,* art. 6. — *Archives parlementaires,* tome II.)

Il était d'usage à peu près général que le décimable prévint le décimateur du jour où la récolte devait être levée. Seulement, il y avait là encore des différences. Une ordonnance dite de Blois, du mois de mai 1579, voulait que les cultivateurs fissent publier au prône du dimanche les jours où ils se proposaient de moissonner. Mais cette règle, difficile à appliquer d'ailleurs, ne s'était pas implantée en Auvergne. On estimait, non sans raison, qu'il n'était pas possible de savoir positivement dès le dimanche à quel jour et à quel moment précis de la semaine on pourrait moissonner.

Le plus souvent, le décimateur était prévenu verbalement (1). En bien des endroits, la coutume n'exigeait aucun avertissement préalable. C'était au décimateur ou à ses représentants à surveiller et à s'informer. Ailleurs, un avertissement était donné publiquement, soit avant de commencer la récolte, soit avant de l'enlever. Le cultivateur devait crier à haute voix et à trois reprises : *à la dime! à la dime!* Et c'était seulement une heure après le dernier cri qu'il pouvait se mettre à l'ouvrage.

A Cournon, il était d'usage d'avertir les décimateurs trois jours francs avant l'ouverture des vendanges.

V

IMPOPULARITÉ DE LA DIME.

Telle qu'elle était établie en France, la dime était vue de mauvais œil par tout le monde, par ceux qui en bénéficiaient comme par ceux qui la subissaient.

Le Clergé et la Noblesse au profit de qui la dime était perçue se gardaient bien, on le conçoit, de demander sa

(1) « Ne pourront lesdits (*décimables*) charrier les gerbes sans en donner avis
» audit sieur...... ou à ses fermiers pour prendre son droit de dime à peine de
» l'amende et de tous dépens et dommages intérêts. » (*Terrier du prieuré de Saint-Martin-de-Perol et Perpezal, diocèse de Clermont.* Expédition de 1705 conservée aux Archives du Puy-de-Dôme.)

suppression. Mais ils étaient nettement hostiles au maintien de la législation et des coutumes en vigueur.

Le Clergé aurait voulu que l'on fit table rase de toutes les subtilités et équivoques à la faveur desquelles l'esprit de chicane arrivait à obscurcir les usages reconnus comme légaux et il appelait de tous ses vœux une réglementation simple et à la portée de tous qui vint mettre fin aux difficultés incessantes dont la perception de la dime était entravée. Il s'expliqua très clairement sur ce point lors de la rédaction des cahiers de 1789. « Les dimes qui ont été
» longtemps le patrimoine le plus assuré des églises,
» disait-il (1), sont devenues aujourd'hui une cause conti-
» nuelle de procès et la portion la plus embarrassée de ses
» revenus. La forme de leur perception, leur quotité, les
» fruits qui doivent l'acquitter, sont un sujet de discussion
» dans tous les tribunaux, et les églises sont dépouillées
» de leurs plus anciennes possessions. Rien de plus inté-
» ressant pour le clergé que d'obtenir enfin une loi qui, en
» fixant d'une manière claire et précise les principes sur
» cette matière, fasse disparaître tout sujet de contesta-
» tion. »

Tout différents étaient les griefs de la Noblesse. Habitués à être favorisés et à jouir de grands privilèges en toute occasion, surtout à l'occasion des contributions, les nobles supportaient impatiemment l'assujettissement de leurs terres à la dime ecclésiastique, et témoignaient leur mécontentement en toute circonstance, sinon par des protestations formelles du moins par la mauvaise volonté et la résistance plus ou moins active qu'ils opposaient aux réclamations les mieux fondées des curés décimateurs (2). Mais ce qui leur causait non moins d'irritation, ce qu'ils auraient

(1) Cahier du Clergé du Poitou, article 8. — *Archives parlementaires*, tome V. — *Les mêmes plaintes se trouvent formulées plus ou moins brièvement dans un grand nombre de cahiers d'autres provinces.*

(2) *Histoire de la petite ville de la Tour-d'Auvergne*, par H. Borin des Roziers. (*Revue d'Auvergne*, année 1891.)

voulu voir disparaître entièrement, c'était l'assimilation
qui s'était établie et tendait à se perpétuer entre les dîmes
leur appartenant comme dîmes inféodées et les dîmes ecclésiastiques, assimilation qui les obligeait à contribuer aux
dépenses du culte comme les autres décimateurs. Selon
eux, les dîmes inféodées étant de simples droits seigneuriaux devaient être exonérées absolument de toute espèce
de charges. N'était-ce pas d'ailleurs aux dîmes ecclésiastiques seules à supporter des dépenses essentiellement
ecclésiastiques, telles que les frais d'entretien des églises et
le paiement des portions congrues?

Le tiers état, lui, sur qui les dîmes étaient perçues
presque en totalité, ne pouvait évidemment pas avoir les
mêmes préoccupations. Il ne faudrait pas s'imaginer
cependant, en raisonnant d'après l'état d'esprit créé par la
Révolution, il ne faudrait pas s'imaginer que le tiers état
fût l'ennemi-né de la dîme en tant qu'impôt en quotité
de fruits : ni la chose ni même le nom ne l'effarouchaient.
Beaucoup de ses membres, au contraire, auraient trouvé
plus juste et plus commode de payer en nature toutes les
contributions au lieu de les payer en argent. Ainsi les
habitants des villes d'Ambert et de Langeac en Basse-Auvergne, pour ne citer que ceux-là, empruntant les idées de
Vauban, demandèrent, dans leurs cahiers du mois de mars
1789, que l'impôt pécuniaire fût converti en une *dime
royale* (1).

(1) « Nous avons sous les yeux dans la dîme ecclésiastique, disait le cahier d'Ambert,
» des preuves bien convaincantes de cette vérité (qu'une dîme royale serait à la fois
» moins coûteuse pour le gouvernement et moins ruineuse pour le pays). Elle se paie
» sans aucun frais dans le moment de la récolte, et conséquemment dans un instant où
» le retranchement est moins sensible, puisqu'il se fait au milieu des richesses. Elle
» s'allie parfaitement au bonheur et à l'infortune du propriétaire. Le dîmier ne peut se
» réjouir que dans le temps où le cultivateur remercie lui-même la Providence. »
(*Cahier des doléances de l'assemblée générale du tiers état d'Ambert.* —
Riom, 1789, 32 pages, in-4°.)
— Même opinion à Langeac : « Que l'impôt pécuniaire, dit l'article 7 du cahier, soit
» converti en une dîme royale proportionnelle à la nature du sol, à l'abondance et à la
» richesse des productions. Une telle dîme serait l'impôt le plus égal. Elle éviterait

Ce qui déplaisait tant aux populations dans la dîme, ce n'était pas l'espèce et la quotité des valeurs abandonnées en paiement : c'était son incertitude, c'était la manière souvent vexatoire dont elle était perçue, c'était surtout son inégalité.

L'inégalité de la dîme était manifeste. Elle était prélevée au même taux sur les terres fertiles et sur les terres médiocres, sur celles qui donnaient un gros produit sans grands frais et sur celles dont les produits étaient minces et les frais de culture considérables. Et, d'ailleurs, malgré tous les principes proclamés, ne frappait-elle pas presque exclusivement sur le peuple des campagnes? Les classes privilégiées n'avaient-elles pas trouvé moyen, là comme partout, de se soustraire en grande partie aux prescriptions des lois et des coutumes comme aux préceptes de l'équité?

La dîme était tout à fait incertaine. En l'absence d'une législation générale et régulière, de principes fixes et invariables, elle n'était réglée que par l'usage, par des coutumes locales non écrites, difficiles à vérifier et susceptibles d'être tronquées et falsifiées. À cause de cette incertitude, la dîme donnait lieu à des contestations sans nombre, à de longs procès entre décimateurs et décimables, procès dont les frais constituaient une charge additionnelle considérable au préjudice des débiteurs.

Le mode de perception de la dîme avait aussi sa grande, très grande part dans l'antipathie qu'elle inspirait. Les cultivateurs étaient astreints à une foule d'obligations qui contrariaient les progrès de la culture en favorisant la routine, à des tracasseries qui entraînaient beaucoup de dérangements et de pertes de temps ; il ne leur était généralement tenu compte ni des frais de semence ni de ceux

---

» tous les frais immenses de perception qui ruinent les pays d'Election, et anéantirait
» la répartition arbitraire. Un impôt territorial ne produirait pas la même égalité. Les
» récoltes sont casuelles ; et, sans rien récolter, on serait dans le cas de payer la
» même quotité d'impositions.. » (*Cahier de la ville de Langeac* en date du 6 mars
1789, reproduit dans *L'Auvergne en 1789*, par Daniel.)

de cueillette; de plus, les pailles de la dime étant habituellement emportées par des décimateurs ou des fermiers
étrangers et ne se consommant pas dans la paroisse, on ne
pouvait compter sur elles pour engraisser les terres qui les
avaient produites. Dans certains cantons où la dime des
prés n'était pas due, les décimateurs apportaient maint
obstacle à la création de prairies. Peu leur importait,
puisqu'ils n'avaient à en attendre qu'une diminution de
profit, que cette création fut avantageuse aux paysans.
Enfin, grief plus grave, la perception était le plus souvent
livrée à des fermiers avides qui ne cherchaient qu'à
accroitre leurs gains par tous les moyens bons et mauvais,
surtout mauvais, sans avoir aucuns ménagements et sans se
soucier de l'intérét des terres et de celui des cultivateurs.

Mais si la dime en général était antipathique, — c'est
d'ailleurs, le sort de toute espèce d'impôt — elle ne semble
pas, en Auvergne du moins (1), avoir été aussi impopu-
laire au temps de son existence qu'elle l'est devenue depuis
la révolution. Alors on la détestait sans doute, mais on y
était habitué. On la considérait — la dime ecclésiastique
— comme un mal nécessaire. On savait que sa destination
primitive et unique avait été de servir à l'entretien des
églises et des pasteurs des paroisses, et comme la plupart

(1) Ce qui donnerait à croire que la dime était beaucoup moins vexatoire, partant
moins odieuse, en Auvergne qu'ailleurs, c'est que, parmi les cahiers de doléances rédigés en 1789 par le tiers état de cette province, il en est peu qui récriminent contre
elle, et que ceux qui s'en plaignent le font avec modération et non point avec le ton
acerbe que l'on rencontre, par exemple, dans les cahiers de l'Artois. — Là, toutes ou
presque toutes les paroisses émettent des vœux formels pour la suppression des dimes ou
tout au moins pour leur réduction, leur réglementation ou leur rachat, et quelques-
unes en termes des plus violents. « Les dimes possédées par les abbayes de moines, dit
» le cahier de Camiers, *sont autant de sangsues accablantes aux cultivateurs* ».
— Un autre cahier, celui de Villers-Plouich, parle *de la douleur* qu'éprouve le laboureur à voir tous les ans la dime, *un tribut qu'il abhorre*, lui *arracher* des productions
qui devraient charger ses greniers et remplir la crèche de ses troupeaux, et il qualifie
les fermiers des dimes de *sangsues* que les cultivateurs *haïssent comme autant
d'usurpateurs*. (*Cahier des doléances de 1789 dans le Pas-de-Calais,* par Loriquet. Tome I.)

de ces pasteurs, de ces curés de campagne étaient les confidents, les conseillers et les soutiens de leurs paroissiens, il était peu de personnes qui se fissent prier pour contribuer à leur subsistance. On se montrait même heureux d'améliorer autant que possible leur bien-être, dans la persuasion où l'on était que faire la part du curé, c'était souvent aussi faire la part des pauvres.

Après la fameuse nuit du 4 août 1789 et les lois qui s'ensuivirent, en voyant abattu avec tant de facilité ce colosse féodal qui les avait si longtemps opprimées, les populations furent saisies d'une immense impression de soulagement et en même temps d'une stupeur et d'une épouvante profondes. Les souffrances éprouvées apparurent bien plus grandes qu'on ne s'en était aperçu jusque-là. On se demanda comment on avait pu les endurer pendant tant d'années. On se représenta la situation désastreuse qui résulterait de leur réapparition. Et sous l'influence de ces sentiments, les cens, les dimes et autres droits supprimés prirent des proportions inouïes. Une image globale personnifiant ces diverses exactions se forma peu à peu dans l'esprit populaire bouleversé. Les droits seigneuriaux se prêtant mal à cause de leur multiplicité et de leur variété à une incarnation unique, à une condensation en un seul bloc, ce fut la dime, que sa perception au profit de beaucoup de seigneurs faisait considérer comme étant elle-même un droit féodal, ce fut la dime, connue partout et procédant partout du même principe, qui endossa presque entièrement les nombreux péchés de la féodalité et qui fut considérée comme le prototype de la contribution indue, inique et arbitraire, comme le bouc émissaire des abus et des fléaux dont le peuple avait eu à gémir pendant une si longue suite de siècles; ce fut la dime qui devint l'emblème abhorré sur lequel se déversèrent les ressentiments accumulés, les anathèmes, les malédictions. Depuis lors, on ne sait plus bien en quoi consistait exactement la dime, à qui elle était attribuée, comment elle était levée; on ignore les motifs qui l'avaient jadis fait établir. Mais on la honnit, on la hait d'instinct. Son nom est prononcé comme celui d'une divinité malfaisante dont il faut à tout prix conjurer et éloigner les influences néfastes; et il est resté longtemps l'épouvantail et le croquemitaine que les politiciens ne manquaient pas d'évoquer pendant les périodes électorales afin d'inquiéter et agiter la foule crédule des habitants des compagnes en lui faisant entrevoir la possibilité d'une résurrection cependant impossible.

DEUXIÈME PARTIE

LES DROITS SEIGNEURIAUX

Outre les dîmes, dont elle avait sa bonne part, la Noblesse française prélevait encore, au XVIIIe siècle, sur les gens du tiers état, d'autres redevances de nature et de quotité diverse auxquelles on appliquait indifféremment la dénomination de *droits féodaux* et celle de *droits seigneuriaux* (1).

Mais c'est le nom de *droits seigneuriaux* qui répond le mieux à la réalité des choses.

(1) On disait aussi *devoirs* féodaux quand on parlait des obligations des vassaux. *Devoirs*, c'est-à-dire ce dont on est tenu, ce qui est censé *dû* en vertu de titres et de coutumes. C'est une expression significative. Mais *Droits !* Quelle dénomination singulière, soit dit en passant ! Que l'on parle d'impôts féodaux, de redevances féodales ou seigneuriales, cela s'explique. Mais que l'on appelle *droits* des contributions que la violence seule avait pu établir, qui n'étaient pour la plupart que le fruit de la spoliation du plus faible par le plus fort, et qui, lorsqu'elles avaient été consenties et ratifiées, n'avaient dû l'être que par l'effet de la faiblesse et de la peur, par suite de suggestions fallacieuses ou sous la pression de la misère et du besoin ! Qu'un des plus beaux mots de notre langue, le mot de *droit*, en qui semblent se résumer et se condenser toutes les notions de loyauté, de justice, d'équité, de liberté réciproque, que ce mot ait pu être amené à désigner aussi des prétentions arbitraires et oppressives, à servir de qualificatif à des exactions, à des extorsions (*) accomplies le plus souvent en violation de toute liberté, de toute équité, de tout droit, c'est là une interversion de sens, et une profanation, pourrait-on dire, dont la raison échappe, dont on ne peut comprendre la genèse.

(*) La taille et les autres redevances seigneuriales étaient taxées d'oppressives dès les débuts même de la féodalité. « Quasdam injustas consuetudines, taliam i delicet et omnes alias *oppressiones* », dit une charte de 1060 citée par Ducange.

Sous les derniers et rudes coups que lui avait portés Henri IV, Richelieu et Louis XIV, la féodalité avait en effet presque entièrement disparu, avec sa hiérarchie, ses obligations et ses devoirs de suzeraineté et de vassalité. Des charges de toute espèce, parfois barbares et ridicules, qu'elle avait jadis imposées à ses serfs et à ses vassaux, il ne restait guère plus que quelques corvées et surtout des redevances fiscales, attachées à la seigneurie et dues par tous les habitants sans distinction d'origine, serve, vassale ou libre. C'est pourquoi le nom de *droits seigneuriaux* doit être préféré à celui de *droits féodaux*.

Ces droits seigneuriaux, qui avaient survécu au naufrage du régime féodal, quels étaient-ils? Quels étaient, particulièrement, ceux existant encore en Auvergne au début de l'année 1789?

A l'aide des publications de deux des feudistes les plus renommés du siècle dernier, La Poix de Fréminville, auteur de la *Pratique des Terriers*, et Renauldon, auteur d'un *Traité historique et pratique des Droits seigneuriaux*, MM. de Tocqueville et Paul Boiteau (1) ont établi une nomenclature des principales redevances que la noblesse française exigeait encore de ses vassaux à la veille de la Révolution.

Cette nomenclature succincte est exacte dans son ensemble, sans doute, et peut s'appliquer d'une manière générale à toutes les provinces. Il m'a semblé, cependant, qu'à être moins générale elle gagnerait en intérêt et qu'elle risquerait d'être mieux comprise si elle était accompagnée de quelques développements appropriés à chaque province séparément.

J'ai donc dressé pour l'Auvergne une liste ou catalogue où j'ai fait figurer, sinon tous les droits seigneuriaux encore en usage en 1789 dans la province, — les connaîtra-t-on ja-

(1) A. de Tocqueville, *L'ancien régime et la Révolution*. Paris, Michel Lévy, 1856, in-8°.

Paul Boiteau, *Etat de la France en 1789*. Paris, Perrotin, 1861, in-8°.

mais tous? — du moins tous ceux dont l'examen des coutumes et des commentateurs, tous ceux dont le dépouillement des mémoires, terriers et autres documents a pu me révéler l'existence. Puis, sous le nom de chacun de ces droits, rangés par ordre alphabétique, j'ai ajouté, suivant le cas, outre une définition sommaire, des explications et des détails locaux qui permettront de mieux apercevoir en quelle posture se trouvait le tiers état, vis-à-vis de la noblesse, à la fin de l'ancien régime.

ARBAN.

Nom donné aux corvées dans le pays de Combrailles. (*Voir* : CORVÉES.)

BAC (*droit de*).

La plupart des seigneurs, dont la justice était traversée par une rivière, avaient le droit exclusif de mettre bateau sur cette rivière pour passer d'une rive à l'autre les gens, les bestiaux et les marchandises, et, comme conséquence, le droit de percevoir un prix pour le passage. Ce droit était appelé *droit de bac* ou *de pontonage*. A la différence du droit de péage, qui ne se prélevait que sur les marchandises, il se percevait aussi sur les personnes, les animaux et les voitures.

Il était rare que les seigneurs se livrassent directement à l'exploitation de leur bac. Le plus souvent ils l'affermaient avec toutes ses cordes, chevalets, petits bateaux et autres agrès. D'autres fois, s'ils n'avaient pas de bacs leur appartenant, ils concédaient à des particuliers ou à des paroisses, moyennant finances, le droit d'en établir.

A Brassac, les habitants payaient une redevance annuelle au seigneur pour avoir le droit d'entretenir sur l'Allier un bateau à corde. A Auzon, la paroisse avait pris à loyer le bac du seigneur moyennant un certain cens et en percevait les droits sous la condition de ne rien réclamer pour le passage du seigneur et des gens de sa maison.

A Joze, le droit de bac appartenait par moitié aux habitants et moitié au duc de Bouillon. Les réparations à faire au bateau étaient supportées par égale portion.

A Dallet, en 1758, les habitants, possesseurs d'un bateau sur l'Allier, contestèrent à M. de Canillac, leur seigneur, le droit d'établir un autre bac dans l'étendue de la justice.

Dans la seigneurie de Fontanez, le chapitre de Saint-Julien de Brioude avait un droit de bac qui avait été confirmé par arrêt du Conseil du 7 juin 1729. Le fermier, d'après le tarif qui lui avait été imposé, devait percevoir : 3 deniers par personne à pied; 6 deniers par personne à cheval; un sol par litière, coche, chaise, chariot ou charrette à deux chevaux, etc. Le tarif était inscrit sur une pancarte attachée à un poteau aux abords de la rivière. Le chapitre de Saint-Julien n'était pas le seul corps religieux en possession du droit de bac. Au port de Longue, près Vic-le-Comte, le droit de bac appartenait aux Bénédictins de Sauxillanges.

Un arrêt du Conseil d'Etat, du 10 mars 1771, avait ordonné aux propriétaires de droits de bac de produire leurs titres de propriété dans les quatre mois, afin de permettre au gouvernement de faire un règlement général sur la matière. Mais il ne semble pas que cette prescription ait été ponctuellement exécutée.

BAN DES VENDANGES.

C'est le droit qu'avait le seigneur de fixer à sa convenance et de faire proclamer le jour où devait commencer la récolte du raisin; de telle sorte qu'aucune personne, même les gentilshommes et les ecclésiastiques, ne pouvait

vendanger avant le jour fixé, à peine d'une amende, de
saisie de la vendange et parfois de la prison.

« La première raison de ce ban, dit le glossaire de Ra-
» gueau et de Laurière, est qu'un particulier, en recueil-
» lant ses raisins avant l'ouverture des vendanges, donne
» occasion aux larcins et aux dommages des bêtes. La
» seconde, qu'il est de l'utilité publique que l'on ne ven-
» dange point avant la maturité des fruits et que le vin du
» terroir soit estimé. La troisième, pour la commodité des
» seigneurs dominants. » La vraie raison, c'est que la
fixation d'un jour précis pour chaque terroir donnait
une grande facilité au seigneur pour la perception de
ses dîmes et de ses champarts ou percières. En effet,
si on avait procédé aux vendanges sur tous les terroirs de
la paroisse en même temps, il aurait fallu au seigneur dix
ou douze personnes pour faire la levée de sa dîme, alors
que deux ou trois lui suffisaient. En outre, il aurait été
fort difficile de trouver une aussi grande quantité de dî-
miers consciencieux, entendus et fidèles.

Dans le plus grand nombre des justices, les seigneurs
prenaient l'avis des vignerons avant de fixer le ban des
vendanges, mais se réservaient presque toujours le droit
de vendanger avant tout le monde. Dans quelques lieux,
comme à Billom, comme au Crest, la date de l'ouverture
des vendanges était arrêtée par les notables hors la présence et sans autorisation spéciale du seigneur, mais avec
cette réserve « que le seigneur, selon l'usage de tout
» temps, vendangerait ou ferait vendanger ses vignes ou
» celles tenues de lui, quand bon lui semblerait ».

Le droit de vendanger avant tous autres n'était pas toujours exclusivement réservé au seigneur. A Plauzat, le
curé et les prêtres communalistes de la paroisse jouissaient du même privilège. Mais ces privilèges déplai-
saient fort aux habitants qui se plaignaient d'avoir à
subir de ce chef un tort considérable. Des vignes vendangées, en effet, et soumises par conséquent au grappillage,

ne peuvent que faciliter l'accès des vignes limitrophes non vendangées, et par suite le vol des récoltes encore pendantes. Aussi, le 21 septembre 1788 demandèrent-ils à la Commission intermédiaire la suppression de tous les privilèges en matière de vendanges (1). Ailleurs, la fixation du ban des vendanges était uniquement une affaire de police municipale et n'était gênée par aucun privilège exceptionnel (2).

Le ban des vendanges se publiait quelquefois à son de trompe, non-seulement dans la paroisse intéressée, mais souvent aussi dans les paroisses contiguës.

L'usage voulait qu'entre la proclamation du ban et le premier jour des vendanges, il y eut un certain intervalle, soit à cause des décimateurs qu'il fallait prévenir, soit à cause des préparatifs à faire (mouillage des cuves, des bacholles, etc.), soit enfin pour que les propriétaires eussent le temps de se procurer des vendangeurs.

Le ban des vendanges était souvent dommageable aux vignes. Il arrivait en effet que, par suite d'une fixation faite à la légère et sans examen minutieux, les grappes se gâtaient sur les ceps des vignobles hâtifs en attendant le jour fixé, tandis que dans ceux plus tardifs on risquait de vendanger avant la maturité (3).

Outre les *bans de vendanges,* il y avait dans certaines

---

(1) *Archives départementales, fonds de l'Intendance, série C, liasse* 2527. — La prérogative des seigneurs ne s'étendait ni à leurs fermiers ou agents, ni aux magistrats de leurs justices, ni à plus forte raison aux officiers de police des villes. Quoique cela fut parfaitement établi, les habitants d'Issoire eurent cependant à résister, en 1771, aux prétentions des officiers de police de leur ville qui voulaient vendanger trois jours avant le public. (*Archives départementales du Puy-de-Dôme, fonds de l'Intendance, série C, liasse* 2314.)

(2) Les Privilèges de Moissat, par Elie Jaloustre. (*Mémoires de l'Académie de Clermont,* année 1878.)

(3) « Que le ban de vendanges dont il résulte tant d'inconvénients et particulière-» ment la pourriture et la perte des fruits des vignes les mieux exposées, qui, par cette » raison, mûrissent toujours avant les autres, soit supprimé. (*Cahier du tiers état de Saint-Pierre-le-Moutier, article* 71. — Archives parlementaires, tome V, page 640.)

contrées des *bans de moissons* et des *bans de fauchaisons*. Mais ces sortes de bans étaient rares en Auvergne.

On pourrait à la rigueur considérer comme *ban de fauchaisons* une ordonnance prise le 26 juin 1740 par le subdélégué d'Issoire, M. Lafont, sur la demande des notables habitants, pour interdire les fauchaisons, dans les prés de la banlieue d'Issoire, jusqu'à une date à fixer par l'Intendant (1). Il semble toutefois que cette ordonnance constitue plutôt une mesure exceptionnelle de police qu'un véritable ban de fauchaisons.

BANALITÉS.

I. — On entendait habituellement par *Banalité* le droit qu'avait le seigneur : 1° de contraindre les habitants de sa seigneurie à se servir, moyennant redevances, de son moulin, de son four, de son pressoir, et 2° d'empêcher les habitants de faire usage d'un autre moulin, d'un autre four, d'un autre pressoir (2).

En un mot, les banalités (dont le nom dérive du mot *Ban*, lequel emporte ordinairement, avec l'idée de proclamation, celle d'interdiction, de défense), les banalités étaient à proprement parler des servitudes établies au profit du seigneur sur les fonds et sur les détenteurs de

(1) *Archives départementales du Puy-de-Dôme, fonds de l'Intendance, série C, liasse 2314.*

(2) Il y avait dans certaines provinces d'autres banalités, telles que celles de forges, de boucheries, de taureaux, de béliers, de verrats, etc., que les seigneurs avaient usurpées et dont ils tiraient profit, *sans aucun juste titre*, comme le dit le glossaire de Ragueau et de Laurière. Ces banalités étaient inconnues en Auvergne.

Il est à croire cependant que le droit de *Boucherie bannière* ou *banale* avait existé dans cette province à une époque plus ou moins ancienne, et qu'il avait été racheté ensuite moyennant certaines redevances particulières, comme celle mentionnée dans une reconnaissance des habitants de Langeac, en date du 26 octobre 1766 : « A ladite » seigneurie (et marquisat de Langeac) appartient, par chaque boucher, un mouton » sans tête et une cuisse ronde de bœuf ou de vache chaque année, et toutes les langues » des animaux tués par les bouchers de Langeac. » (Reconnaissance reproduite à la suite de *La Belle Journée ou relation fidèle de la fête donnée au marquis de Lafayette par les habitants de Langeac, le 13 août 1766, par Belmont*, brochure de 73 pages in-8° publiée par M. Paul Le Blanc.)

ces fonds, et constituaient une véritable atteinte à la liberté et à la propriété. D'après la présomption généralement admise, elles étaient le résultat de la force ou le prix de la liberté donnée à d'anciens serfs. Il en est cependant qui avaient pour cause soit une concession de fonds ou de droits réels, soit une convention réciproque consentie librement.

La Coutume d'Auvergne ne fait pas mention des banalités. Dans cette province, comme dans la plupart des pays de droit écrit, les banalités étaient considérées comme un droit extraordinaire ne devant être attribué ni au fief ni à la justice, et tout seigneur qui voulait en jouir devait prouver par titres, aveux ou dénombrements anciens, qu'il était fondé à les réclamer (1).

Le mot *banalité* servait aussi parfois, comme les mots de *bannie*, de *ban-lieue*, de *bancage*, à désigner le territoire dont les habitants étaient assujettis à l'usage du moulin, du four, du pressoir.

II. — *Moulin banal, bandier* ou *bannier*. — Le monopole des moulins entre les mains des seigneurs était probablement d'un usage général à l'origine. Cet usage avait d'ailleurs sa raison d'être. Les populations ne pouvant pas faire les frais d'établissement d'un moulin, c'étaient les seigneurs qui s'étaient chargés de la construction de ces usines si utiles. Il était donc fort naturel qu'une redevance leur fut payée par ceux au profit de qui le moulin travaillait.

Mais ce qui n'était ni juste ni légitime, ce qui était le résultat évident de la violence, c'était la suppression de toute concurrence, c'était l'obligation absolue imposée au censitaire, au vassal, de se servir du moulin seigneurial, sans avoir la possibilité de se servir d'un autre à son gré.

La banalité des moulins était nuisible à la fois au

(1) *Coutumes générales et locales de la province d'Auvergne, avec notes et commentaires*, par Chabrol, 4 vol. in-4°.

seigneur bannier et à ses sujets. Fort de son privilège exclusif et de sa clientèle assurée, le seigneur propriétaire, ne craignant pas d'usines rivales, n'avait aucun intérêt à perfectionner son outillage et à mettre son moulin en état de faire de bonne farine et de tirer du grain toute la farine qui y était renfermée. Et, malgré toutes les malfaçons dont ils étaient victimes, les clients forcés n'avaient le plus souvent d'autre parti à prendre que celui de murmurer et de se résigner (1).

Si le tenancier allait faire moudre son grain ailleurs qu'au moulin du seigneur, celui-ci pouvait confisquer le grain ou la farine et même, dans quelques seigneuries, le cheval, les harnais et la voiture du délinquant qui en outre devait payer une amende.

Quelques coutumes contenaient une exception en faveur des boulangers. Si, par suite du mauvais état des meules, le moulin banal n'était pas apte à faire de bonne farine pour pain blanc, les boulangers avaient la liberté d'aller à un autre moulin que celui de la banalité.

La banalité des moulins au profit des seigneurs n'existait pas partout en Auvergne, soit qu'elle n'eût jamais été établie, soit qu'elle eût été vendue ou abandonnée (2), soit enfin qu'au moment de la rédaction des Coutumes elle eût disparu par suite de l'impossibilité où se trouvèrent certains seigneurs de justifier d'un titre ou d'une concession royale. En bien des localités donc, en 1789, construisait des moulins qui voulait (3). Dans d'autres, la

---

(1) Il est cependant des coutumes qui imposaient au seigneur bannier certaines obligations à ce sujet, notamment la coutume de la Marche. « Si, dit-elle, le moulin ou le » four bannier ne sont en état suffisant, l'homme peut aller moudre ailleurs sans amende, » et n'est repréhensible jusqu'à ce que le meunier ou fournier auront fait savoir au » prône de l'église que les four et moulin sont en état suffisant. » — Il faut croire que cette disposition équitable était mise en pratique même dans les pays où la coutume ne s'expliquait pas formellement.

(2) La Charte de Thiers, confirmée en 1301, avait aboli la banalité des moulins et permis aux habitants de faire moudre leur grain où bon leur semblerait. (Rivière, *Histoire des institutions de l'Auvergne*, tome I, page 623.)

(3) Elie Jaloustre, *Histoire de Gerzat*, chapitre XVIII.

banalité existait au profit de la communauté des habitants.

La redevance ou *droit de mouture* due au meunier du moulin banal, n'était pas partout la même. Dans quelques localités, et c'était sans contredit la manière de procéder la plus équitable, le droit de mouture consistait en une somme d'argent proportionnelle, tant par setier, par quarton, par boisseau. Mais le plus souvent il était de la seizième, de la vingtième ou de la vingt-quatrième partie du grain. Aux Martres-de-Veyre, on prélevait une coupe, c'est-à-dire la trente-deuxième partie du septier. Le droit n'étant pas calculé suivant le poids, les fermiers du moulin avaient grande facilité pour frauder. Aussi ne s'en faisaient-ils pas faute, et leur rapacité, appuyée sur la crainte inspirée par le seigneur, était arrivée en bien des endroits à doubler la redevance d'usage (1).

III. — *Four banal, bandier* ou *bannier.* — Le nom de *four banal* s'appliquait en Auvergne non-seulement aux fours sur lesquels les seigneurs exerçaient leur droit de banalité et dont ils imposaient l'usage à leurs tenanciers, mais aussi aux *fours communs* qui étaient la propriété des communautés d'habitants, soit que ces habitants les eussent acquis moyennant finances ou autrement, soit qu'ils en eussent la jouissance à titre de censitaires (2),

---

(1) En 1743, le marquis de Tane, seigneur de Chadieu, et le commandeur de Tortebesse, copropriétaires de moulin banal des Martres-de-Veyre, furent sommés par les habitants de la paroisse d'avoir à réprimer les fraudes commises par les fermiers de ce moulin. Un procès-verbal du bailli avait en effet constaté que les mesures dont se servait le meunier banal étaient munies d'un fond mobile pouvant à volonté se lever ou s'abaisser. (*Archives départementales, fonds de l'Intendance, série C, liasse* 2373.)

(2) A' Baxerolles et à Villeneuve-l'Abbé, près Maringues, les habitants tenaient leur four en censive, du prince de Latour-d'Auvergne, leur seigneur.

Pour leurs fours banaux *communaux*, les paroisses jouissaient parfois des mêmes privilèges que les seigneurs pour leurs fours banaux *seigneuriaux*; c'est-à-dire que, dans l'étendue de la paroisse, les particuliers n'avaient pas le droit de construire des fours, et qu'il était interdit aux boulangers de cuire d'autre pain que le pain blanc appelé *miche* de quatre livres au plus. Cela se passait ainsi à Maringues. (*Archives départementales, fonds de l'Intendance, n° 2403*).

soit qu'il n'existât dans la localité aucune banalité seigneuriale.

Chabrol, dans son Commentaire de la Coutume d'Auvergne (*tome III, page 459*), dit qu'en Auvergne et principalement dans la Limagne, « la banalité des fours n'a
» le plus souvent pour principe que des aliénations faites
» par des communautés sur elles-mêmes, pour payer des
» finances extraordinaires qu'on leur a demandées en dif-
» férents temps ». Mais cette affirmation, qui n'est d'ailleurs appuyée sur aucune preuve, n'est pas absolument exacte (1). Un contemporain de Chabrol, placé pour être bien informé, et inspirant toute confiance, l'intendant de Ballainvilliers, parlant du droit de four banal, dans son *État de l'Auvergne en 1765*, dit formellement : « Ce
» droit qui est seigneurial et, de sa nature, appartient
» communément au seigneur, est un vestige de l'ancienne
» servitude des habitants de la campagne. »

La banalité des fours était fort gênante pour ceux qui y étaient assujettis. Elle les obligeait à transporter par tous les temps, et à des distances souvent très grandes, leurs pains non cuits, et cela sans égard pour leur convenance personnelle, au moment précis indiqué par les *fourniers* ou fermiers des fours. Elle les obligeait aussi à se contenter des procédés de cuisson plus ou moins antiques, plus ou moins défectueux, employés par les fermiers. « Il
» n'y a personne, dit encore M. de Ballainvilliers, qui ne
» connaisse l'assujettissement et l'incommodité du droit
» de four banal pour les habitants des villes et des villa-
» ges. » Aussi, pour éviter cette sujétion, beaucoup de villages s'en étaient-ils affranchis lors de l'émancipation

(1) Il ne faut pas oublier que Chabrol, quoique récemment anobli, est plus attaché peut-être que les seigneurs de vieille roche, aux droits et prérogatives de la noblesse. De nombreux mémoires sur procès en revendication en font foi. Il connaissait certainement la défaveur attachée aux banalités depuis le bruit fait autour de certaines publications, et notamment du livre de Boncerf sur *les Inconvénients des droits féodaux*; et il est permis de supposer que, par précaution, il voulait enlever autant que possible le cachet féodal aux droits dont il possédait des exemplaires.

des communes; d'autres s'en rachetèrent par la suite
moyennant des redevances annuell·s ·xes en argent ou
en nature qu'on appelait *droits de ·ournage*.

A Digons, paroisse de Pebrac, il était perçu chaque
année, pour le fournage, une taxe de deux quartons de
seigle par feu. Au Montel-de-Gelat la taxe était de 4 sols
par personne. En d'autres endroits, elle consistait en une
certaine quantité de denrées, et en cens de quotités diverses. A Saint-Gervais, les habitants payaient en bloc
un abonnement annuel de 50 livres pour affranchir leur
ville du droit de four banal. Ailleurs, la redevance était
proportionnelle au nombre de bestiaux de chaque famille.

Le nom de *fournage* s'appliquait non-seulement à la
redevance payée au seigneur pour tenir lieu de la banalité
délaissée, mais aussi au droit perçu pour l'usage du four
et à celui dû par ceux qui demandaient à cuire dans des
fours particuliers leur appartenant (1).

Habituellement, les seigneurs affermaient leur four
banal à prix d'argent soit aux habitants eux-mêmes, soit
à des boulangers, *fourniers* ou *pastiers*, qui prélevaient
pour la cuisson, ici une portion de pâte ou de pain, là une
somme d'argent déterminée (2).

Le chiffre de la redevance payée pour l'usage du four
variait suivant les lieux. A Langeac, le droit, qui était
originairement de deux livres de pâte et d'un denier par
chaque grand pain cuit au four, avait été converti, en
1766, en un droit de 1 sol 6 deniers par chaque pain de
quarante livres et 3 deniers par chaque cinq livres au-
dessus de quarante livres. A Gerzat, le droit de fournage
dû aux fermiers des fours était de la trentième partie de
la pâte, et il était défendu, sous peine d'amende, aux fer-

---

(1) Il arrivait quelquefois que les tenanciers construisaient des fours sans autorisation du seigneur. Il y avait alors poursuites ou tolérance, selon que le seigneur était
plus ou moins indulgent. (Elie Jaloustre, *Histoire de Gerzat.*)

(2) A Aubière, le seigneur affermait le four banal aux habitants moyennant un prix
variant de 360 à 400 livres par an. — En 1742, les fours banaux de Combronde appartenant au ministre Amelot étaient affermés 600 livres ; celui de Prompsat, 306 livres.

miers d'exiger de l'argent (1). Ailleurs, le droit était de la seizième partie.

A Champeix, les habitants, qui payaient anciennement par pain une poignée de pâte de la grosseur d'une géline et une rétribution au fermier, étaient parvenus à faire modifier cette redevance, et ils ne payèrent plus, jusqu'en 1736, qu'un quarton de pâte par fournée pour tout droit. A cette époque, ils réclamèrent de nouvelles modifications et, le 16 novembre 1736, ils obtinrent une transaction en vertu de laquelle il était attribué aux fermiers des fours banaux, par chaque pain de deux quartons et demi de grains ou trois quartons, une pleine mesure de grains *qui serait rasée avec le couteau* attaché à la mesure. Il n'était dû aucune rétribution particulière au fournier, à moins que l'on ne fit cuire au four autre chose que du pain, comme des fruits, de la viande, auquel cas on payait une petite somme (2).

Dans d'autres paroisses, la taxe était absolument arbitraire et laissée au bon plaisir des fourniers qui, naturellement, en abusaient.

Le plus souvent, le chauffage du four était à la charge de ceux qui venaient cuire. A Gerzat, ils devaient fournir pour cet objet quinze livres de paille par soixante livres de pâte.

Les sujets *banniers* ou soumis à la banalité étaient tenus de faire cuire leur pain au four du seigneur, sous peine de confiscation du pain et d'une amende. Cette amende était de 10 livres à Gerzat, de 10 livres également dans la seigneurie de Carladès en Haute-Auvergne.

En principe, tous les tenanciers et censitaires d'une seigneurie étaient assujettis au droit de four banal. Cependant, en vertu de concessions ou de tolérances, des exceptions à la loi générale s'étaient introduites en bien

(1) *Reconnaissance de Dungeat* du 26 octobre 1765, publiée par P. Le Blanc. — Jaloustre, *Histoire de Gerzat.*

(2) *Archives du Puy-de-Dôme, fonds de l'Intendance, série C, liasse n° 2106.*

des paroisses. Ainsi, à Gerzat, les domestiques de certaines maisons bourgeoises pouvaient faire cuire leur pain bis sans aucune rétribution. Ils étaient tenus seulement de fournir la paille pour le chauffage du four.

IV. — *Pressoir banal.* — Il est probable que la banalité des pressoirs à vin existait dans la plupart des paroisses de la Basse-Auvergne ayant des vignobles. Je n'ai cependant trouvé que peu de mentions à ce sujet. Il y avait des pressoirs banaux à Opme, près Romagnat; il y en avait aussi à Nonette et dans diverses paroisses des environs d'Issoire.

A Joze, près Maringues, le duc de Bouillon possédait un pressoir banal ambulant. Après les vendanges, et au moment de faire les vins, les tenanciers des différentes terres de ce grand seigneur allaient chercher ce pressoir pour s'en servir dans leurs villages et le ramenaient ensuite à Joze. On ignore le chiffre de la redevance qui était exigée d'eux (1).

Dans certaines paroisses de l'île de France, la redevance était du quatrième seau de liquide, dans d'autres de quatre pintes par muids. Ailleurs on payait pour le pressurage la dixième ou la onzième partie ; et, si on abandonnait les marcs, la douzième seulement. En outre, bien qu'ils n'en eussent nullement le droit, les fermiers exigeaient qu'on leur fournît des hommes pour les aider et qu'on se chargeât de la nourriture d'eux et de leurs aides.

A Cebazat, le pressoir à vin appartenait à la communauté des habitants qui l'affermaient chaque année par adjudication publique.

La banalité des pressoirs était parfois préjudiciable aux producteurs, en ce sens que les vignobles ayant augmenté d'étendue depuis longues années déjà, et le nombre de pressoirs étant resté le même, beaucoup de vignerons étaient, par suite d'encombrement, dans l'impossibilité de

(1) E. Jaloustre, *Histoire de Gerzat.*

faire presser leur récolte en temps utile, de telle façon que les marcs et les vins s'aigrissaient et perdaient toute espèce de valeur.

V. — Il y avait certainement en Auvergne, alors comme maintenant, des pressoirs à huile, des pressoirs à cidre et des mailleries ou pressoirs à fouler le chanvre, et il est à croire que ces établissements étaient en bien des endroits, comme les pressoirs à vin, dépendant de la banalité du seigneur (1).

BANC *(droit de)* A L'É... SE.

Droit purement honorifique. Outre les droits lucratifs, les seigneurs jouissaient de certains droits honorifiques à l'église de leur paroisse. Ils avaient notamment le droit d'avoir un banc à part dans le chœur, avec leurs armoiries; de recevoir les premiers l'eau bénite, l'encens et le pain bénit par morceau de distinction; de marcher les premiers à la procession et à l'offrande. Ils avaient le droit, à l'exclusion de tous autres, d'être recommandés dans les prônes aux prières des fidèles, par noms et surnoms, ainsi que leurs femmes et leurs enfants. Enfin, ils avaient le droit d'avoir leur sépulture dans le chœur avec statue et épitaphe, et celui de faire placer intérieurement et extérieurement autour de l'église, des *litres* ou ceintures funèbres.

Ces droits, tout honorifiques qu'ils fussent, semblaient souvent excessifs aux populations et donnaient lieu à de fréquentes discussions entre les curés et les seigneurs (2),

(1) En 1723, les habitants d'Orcet étaient en contestation avec M. Aragonnès de Laval, leur seigneur, au sujet de la banalité d'un pressoir à huile. *(Archives départementales, fonds de l'Intendance, n° 2505.)*

(2) Notamment le droit à l'eau bénite. Tandis que tous les règlements ecclésiastiques prescrivaient aux curés de ne donner l'eau bénite à leurs paroissiens, même aux seigneurs et dames des paroisses, que *par aspersion*, beaucoup de seigneurs persista à exiger qu'on leur donnât l'eau bénite à la main *par présentation de l'aspersoir*, cela nonobstant de nombreuses décisions judiciaires. Aussi certains curés, outrés de ces exigences déraisonnables, affectaient-ils de ridiculiser les honneurs seigneuriaux. « Une

témoin ce passage du cahier du tiers état de Fleury-Mérogis dans la prévôté de Paris hors les murs : « La
» décence demande que le droit d'encens à l'église, pré-
» tendu par les seigneurs, soit supprimé, attendu que cet
» honneur n'est dû qu'à la divinité. » Témoin aussi cet
article du cahier du clergé du Poitou : « *Art. 10.* — Les
» droits honorifiques que les seigneurs exigent dans les
» églises paroissiales sont une source continuelle de diffi-
» cultés et même de procès entre eux et le curé. Il
» conviendrait de solliciter une loi qui réglât définitive-
» ment les droits des seigneurs. »

Un arrêté du Conseil général du Puy-de-Dôme, du 16
novembre 1790, ... la suppression dans la quinzaine
des bancs seigneur... ... existant dans les églises paroissiales, ainsi que ce... es *litres* ou ceintures funèbres.
Toutefois, il décida que, dans le cas où les particuliers
qui prétendaient avoir droit de banc dans les églises et
chapelles adjacentes, représenteraient des titres justifiant
leur droit, il serait sursis à l'enlèvement des bancs, jusqu'à ce que lesdits titres aient pu être communiqués aux
fabriques et ensuite au Conseil général du département
qui statuerait sur la conservation ou la suppression desdits
bancs.

BANDIE.

« Le droit de *bandie* a lieu dans différentes seigneuries
» situées en pays de vignobles, comme à Châteaugay
» (près Riom). Le droit est de 6 deniers par œuvre de
» vigne. Il a pour cause primitive, sans doute, la garde
« des vignes. Le marquis de Laqueuille (seigneur de

» dame de qualité, dit le *Traité des droits honorifiques* par M. de Clugny, qui
» possédait une terre titrée, ayant fait condamner par arrêt le curé de cette terre à lui
» donner l'eau bénite avec distinction et avant le peuple, ce curé fit faire un goupil-
» lon d'une grosseur énorme dont il se servit pour la première fois dans un temps d'un
» froid rigoureux, et ayant pris avec son goupillon autant d'eau bénite qu'il en pouvait
» tenir, il en baigna si fort la dame qu'elle fut obligée de sortir de l'église pour aller
» changer d'habits et de linge. »

» Châteaugay) y a été gardé et maintenu par un arrêt
» de 1710 (1).

BANVIN. — BAN A VENDRE VIN.

C'est le droit possédé par certains seigneurs de vendre
au détail le vin de leur crû pendant un temps fixé par les
titres ou la coutume, et d'empêcher pendant le même
temps la vente au détail du vin de leurs vassaux.

« Ce droit, dit Merlin, a bien tous les caractères d'une
» servitude personnelle, car c'est bien asservir la per-
» sonne que de la priver de la faculté de disposer de ses
» denrées pendant un temps quelconque (2). »

Le droit de banvin était régi par des règles différentes
selon que l'on était en pays soumis aux aides ou en pays
affranchi des aides. Dans les pays d'aides, le seigneur
n'avait droit de banvin que pour la vente des vins de son
crû exclusivement, et encore fallait-il que ce crû fût situé
dans la paroisse même siège du domaine seigneurial. Il lui
était interdit de céder ou d'affermer son droit.

En Auvergne, où l'impôt des aides n'était pas exigible,
le banvin avait lieu dans un grand nombre de seigneuries,
soit de la Limagne soit même de la montagne, quoique
dans ces dernières on ne récoltât pas de vin. Les seigneurs
de cette province pouvaient céder ou donner leur droit à
ferme comme bon leur semblait. Mais, dans ces cas, le
fermier ne pouvait vendre que le vin du seigneur et non
le sien propre.

Le tenancier qui, pendant la durée du banvin, vendait
son vin au détail sans la permission du seigneur, était
passible d'une amende que les coutumes de la Marche et de
l'Anjou fixaient à 60 sous. Il y avait cependant des exceptions et des adoucissements. Ainsi, à Moissat-Haut, près
Billom, on pouvait, malgré le banvin, vendre du vin aux

(1) Chabrol, *Coutumes d'Auvergne*, tome III, page 484.
(2) *Rapport fait à l'Assemblée nationale au nom du Comité de féodalité, le
8 février 1790*, par Merlin, député de Douai.

malades. « S'il y a audit lieu quelque femme accouchée ou
» quelque malade, leur sera loisible même davant ledit
» mois du ban, d'acheter vin où bon leur semblera. »

Ainsi encore, pendant la durée du ban, la vente au détail était seule interdite aux gens de Moissat. Chacun d'eux « pouvait vendre (à ses concitoyens) son vin poussé, » aigre ou de mauvaise saveur, à broc ; et son bon vin » aux étrangers, à poinçon ou à pot et non à moindre » mesure... (1) ».

Le temps pendant lequel s'exerçait le droit de banvin variait de trente à quarante jours, suivant les lieux. En Auvergne, cet exercice s'effectuait généralement pendant la durée du mois d'août, *du jour et fête de Sainte-Madeleine*, disait la charte de Moissat, *jusqu'au jour et fête de Saint-Gille* (22 juillet, 1er septembre). Ailleurs, c'était dans le mois de mai que le banvin avait lieu.

Le ban à vendre le vin ne portait pas le même nom dans toutes les provinces. Appelé simplement banvin et quelquefois *ban d'août* en Auvergne, il était désigné ailleurs par les noms d'*étanche*, *vet du vin*, *ban de mai* ou *maiade* ou *maiesque*, etc. On donnait le même nom, le cas échéant, aux redevances payées aux seigneurs en représentation de leur droit, lorsque ce droit avait été supprimé.

BLAIRIE.

Droit en argent ou denrées que percevaient les seigneurs pour la permission qu'ils accordaient à leurs tenanciers de faire pacager les bestiaux sur les chemins et sur les terres vaines et vagues.

Ce droit de pacage, qui donne à supposer qu'originairement la propriété de tout le sol appartenait au seigneur, était appelé *moisson* dans certaines provinces, *civerage* et *avenage* dans d'autres et enfin *blairie* dans le Bourbonnais, le Nivernais, le Berry, l'Auvergne et la Bourgogne.

---

(1) *Les Privilèges de Moissat*, par Elie Jaloustre.

Cependant il n'était pas très répandu en Auvergne. Dans cette province il n'était qualifié droit de blairie que dans les paroisses limitrophes du Bourbonnais. Quelquefois les terriers le mentionnent sans dénomination spéciale. Ainsi dans le terrier de la baronnie de Digons, paroisse de Pebrac, subdélégation de Langeac, une reconnaissance du 3 mars 1774, porte : « ..... plus pour la permission à
» lui faite de pouvoir faire pacager son bétail quelconque
» en toute saison aux bois de l'Hermite, La Fayolle, La
» Besseyre et de La Torrette et ès terres hermes et va-
» cantes, seigle une pognadière, avoine deux ras à la
» mesure courante... (1). »

Dans la plupart des localités de l'Auvergne, les habi-tants, par suite de concessions antérieures sans doute, faisaient pacager leurs bestiaux dans les communaux et les terres vaines sans payer aucun droit (2). La coutume leur reconnaissait même un droit particulier appelé *fourcelage* en quelques paroisses, mais plus communément *droit de marchage*, en vertu duquel ils pouvaient faire marcher et pacager leur bétail dans les appartenances d'autres villages que celui où était leur domicile.

BOHADES (*voir :* CORVÉES).

BORDELAGE.

Droit qui consistait en une redevance annuelle en argent, en grains et en volailles, due par l'héritage tenu à cens ; (du vieux mot *borde* signifiant *métairie, ferme*).

En Bourbonnais, le *bordier* ou détenteur de la terre soumise au bordelage, ne transmettait cette terre à ses héritiers, même en ligne directe, que si ces derniers vivaient avec lui au moment de sa mort. D'autres disposi-

---

(1) Terrier, communiqué par M. Paul Le Blanc.
(2) Chabrol, *Coutumes d'Auvergne*, tome III, page 551. — Les seigneurs avaient seulement le droit de demander le *triage* des bois, dans le cas où l'ordonnance de 1669 leur en accordait la faculté.

tions non moins rigoureuses étaient attachées à ce droit. Le non-paiement de la redevance pendant trois ans entrainait la *commise* ou confiscation au profit du seigneur.

Le bordelage existait surtout dans le Bourbonnais et le Nivernais. Il y a lieu cependant de le faire figurer parmi les droits seigneuriaux d'Auvergne, un certain nombre de paroisses de cette province ayant adopté la coutume du Bourbonnais et pouvant par conséquent être assujetties aux droits particuliers mentionnés dans cette coutume (1).

CAPITAINAGE.

Faute de documents explicatifs, il est difficile de définir exactement ce droit. Etait-ce une redevance imposée originairement sur les habitants d'une seigneurie à cause de la protection, *captennium*, que le seigneur leur accordait? Etait-ce une redevance destinée à parfaire les appointements du surveillant militaire ou *capitaine* de la seigneurie? N'est-ce pas plutôt le succédané d'une contribution seigneuriale imposée jadis par chaque tête d'habitant, d'un *chevage* ou *capitagium* quelconque?

Ferrière, en son *Dictionnaire de droit et de pratique,* dit que dans le Forez, le *capitainage,* appelé aussi *taille baptisée,* « est un droit porté par les terriers du roi au » pardessus du cens ».

Quoi qu'il en soit, au commencement du xviiie siècle, le marquis de Tane, seigneur de Chadieu, Monton, Tallende, etc., percevait pour *droit de capitainage* une somme de 9 livres sur la paroisse de Monton (*comptes de 1714*),

---

(1) L'article suivant d'un cahier primaire de 1789 rédigé sous les auspices d'un avocat originaire d'Auvergne, semble d'ailleurs donner raison à cette hypothèse : « art. 19. Que tous les droits de main-morte, taille, mortaille, *bordelage* et autres » servitudes personnelles qui existent encore dans la plupart des coutumes du royaume, » et notamment dans celes *d'Auvergne,* la Marche, Bourbonnais, Berry, Bourgogne, » Franche-Comté et Nivernais soient supprimés comme un reste impur du règne » féodal, sauf l'indemnité due aux seigneurs à dire de prudhomme. » (*Cahier des demandes générales de la communauté des grand et petit Charonne, Fontarabie et dépendances,* rédigé sous la présidence de M. d'Artis de Marcillac, ancien avocat au Parlement. — *Archives parlementaires,* tome IV, page 409.

et une somme de 6 livres sur la paroisse des Martres-de-Veyre *(comptes de 1718. — Inventaire des Archives départementales, fonds de l'Intendance. Liasse 2374-2458).*

Il est encore fait mention d'un droit de *capitenage* dans un aveu et dénombrement des terres de Lafayette, Vissac, etc., en date de 1723. *(Archives départementales, fonds du district d'Issoire. Domaines, 76.)*

CENS.

I. — Le cens est une redevance annuelle, perpétuelle et non rachetable, dont une terre était grevée envers le seigneur dans la mouvance ou dépendance duquel elle se trouvait située. En Auvergne, cette redevance s'acquittait ordinairement en argent, en grains (froment, seigle, conseigle, avoine, orge *bréchère* ou *pamoule*), en raves, en faix de foin, en gélines ou volailles (poules et poulets), en bois de chauffage (brasse de bois mis en *bûches* ou *estelles*), en corvées (bohades, vinades, manœuvres); quelquefois, mais plus rarement, en vin (1). Dans certaines paroisses, mais surtout dans la Haute-Auvergne, on voit figurer parmi les redevances composant le cens, bien d'autres denrées : du miel, des œufs, de la cire, du poivre, de la moutarde, des perdrix, dés fromages, des *johannades* (fromages à fournir le jour de la Saint-Jean) (2) et autres.

La redevance censuelle avait été imposée par les seigneurs lorsqu'ils avaient, à l'origine, concédé à titre de bail à cens les terres dont la force et la violence les avaient rendus maîtres.

La propriété d'une terre baillée à cens n'était pas une propriété absolument complète. C'était, si l'on peut dire,

---

(1) Les cens en vin n'étaient jamais bien considérables, semble-t-il. Certaines reconnaissances stipulent une quarte, d'autres quelques chopines accompagnées de pain. *(Terrier de Laps,* seigneurie dépendant du duc de Bouillon.)

(2) Inventaire sommaire des *Archives départementales du Cantal,* antérieures à 1790. Série E.

5

une quasi-propriété, car si le seigneur en délaissait à un tenancier ce qu'on appelait le *domaine utile*, c'est-à-dire la jouissance effective avec droit de vendre, il se réservait la seigneurie, ce qu'on désignait sous le nom de *domaine direct*. Voici, ce semble, comment les choses avaient eu lieu : le propriétaire d'un fief ne pouvant cultiver réellement et par lui-même tous les différents fonds (terres, prés, bois, vignes, etc.) dont se composait sa seigneurie, en avait concédé une certaine partie par bail à cens perpétuel à plusieurs particuliers, à l'un une terre, à un autre un pré, à un troisième une vigne, etc., à la charge par les preneurs de lui payer chaque année, à époque fixe, une redevance en argent, grains, volailles ou autres produits. D'après les usages féodaux, cette redevance, appelée *cens*, emportait en outre au profit du seigneur, quelquefois un certain nombre de corvées, manœuvres et autres prestations, et toujours, à chaque transmission en d'autres mains, un droit de mutation appelé *droit de lods et ventes*. En d'autres termes, chaque fois qu'un héritage grevé de cens était vendu par le tenancier ou censitaire, il était dû au seigneur, pour droit de mutation, le tiers, le quart, le sixième ou le douzième du prix de la vente. Ce sont ces cens, ces droits de mutation et autres réservés par le seigneur dans le contrat de bail à cens qui constituent ce qu'on appelait *directe seigneurie* ou simplement *directe*.

Le bail à cens n'est pas, comme son nom pourrait le faire croire, une location; c'est une aliénation formelle, une vente positive consentie moyennant un revenu annuel fixe et invariable, au lieu de l'être pour un capital unique une fois payé. Le nouveau possesseur était donc légitime propriétaire de l'héritage à lui baillé à cens et pouvait en disposer à son gré. Toutefois, il ne pouvait pas le céder à des gentilshommes et à des prêtres, « ni à église, couvent, ou à personne ecclésiastique ou gens privilégiés », c'est-à-dire exempts de cens, parce qu'une telle aliénation aurait porté préjudice à la directe du seigneur en supprimant l'exigibilité des droits de lods et ventes.

II. — On donnait le nom de *censive* tantôt au mode de tenure de la terre grevée de cens ; — on disait une terre *tenue en censive* pour une terre possédée sous la condition d'un cens — tantôt au territoire dont tous les héritages étaient assujettis à un cens envers le même seigneur.

Le débiteur du cens ou possesseur de l'héritage baillé à cens était désigné indifféremment par le nom de *censitaire* ou par celui d'*emphytéote* (1), bien qu'à l'origine le bail emphytéotique fût loin d'avoir les mêmes caractères que le bail à cens. On désignait aussi indistinctement dans la pratique, par le mot de *cens* ou par celui de *rente* (2), la redevance imposée au censitaire.

Il arrivait quelquefois que le même fonds était frappé de deux cens créés successivement. Dans ce cas, le cens le plus ancien était appelé *droit cens* ou *chef cens*, et le plus nouveau *surcens* ou *croit cens*. Chabrol définit le *surcens* : un second bail à cens consenti par le censitaire lui-même au profit d'un tiers avec stipulation des droits de directe seigneurie. La coutume d'Auvergne, comme la plupart des coutumes, interdit formellement ce genre de concession. *Cens sur cens n'a point lieu*, dit-elle, *sans le consentement du seigneur direct*. Une des raisons de cette interdiction est que deux cens imposés sur un héritage en diminuent la valeur vénale et diminuent aussi par conséquent le chiffre des lods et ventes à percevoir par le seigneur en cas de mutation.

III. — Les cens étaient presque toujours *portables* (3),

---

(1) La coutume d'Auvergne appelle *seigneur utile* l'emphytéote propriétaire de l'héritage soumis au cens.

(2) Il faut observer que dans une partie de la province et surtout dans la Haute-Auvergne, on appelle du nom de *rentes* la prestation connue sous le nom de *cens* dans la Limagne (*Chabrol*, tome II, page 770. — Viollet, *Précis de l'Histoire du Droit français*, page 577).

(3) Chabrol parle cependant de cens *quérables* auxquels la jurisprudence appliquait dans certains cas des règles particulières.

soit au château ou au grenier du seigneur, soit dans la maison de la plus prochaine paroisse où le seigneur, ses fermiers ou préposés avaient l'habitude de faire la levée.

Les seigneurs les percevaient quelquefois directement par les mains d'un intendant, d'un régisseur quelconque (1); mais le plus souvent, surtout quand la seigneurie était de grande importance, ils les donnaient à ferme par baux réguliers moyennant une somme fixe d'argent payable en un ou plusieurs termes. L'âpreté habituelle des fermiers de cens est légendaire.

Les cens étaient payables quelquefois le jour de la fête de Saint-Michel, le 29 septembre, mais le plus souvent le jour de la fête de Saint-Julien, au mois d'août (2). Ils n'étaient pas réductibles, même en cas de manque de récolte.

Mesures cessales. — Pour le mesurage des cens en grains, il était ordinairement marqué dans les reconnaissances qu'on se servirait de la mesure usitée au marché le plus voisin de la seigneurie ou au marché le plus important de la région.

(1) Ces régisseurs n'étaient pas seulement chargés de la recette des cens, ils avaient aussi le plus souvent l'administration de tous les biens et revenus de la seigneurie. Voici, à titre de curiosité, le détail des appointements donnés en 1773 au régisseur des terres du Montel-de-Gelat et de Villossanges, dont le revenu s'élevait ensemble à 13,482 livres par année : « 1° les appointements du régisseur qui sont de 150 livres ; » 2° sa nourriture, chauffage, blanchissage, etc., tout quoi peut monter année commune à la somme de 230 livres, à raison de 3 septiers de blé par année, à 12 livres = 36 livres ; une bouteille de vin par jour estimée 4 sous la bouteille, ce qui » fait par année 73 livres 4 sous ; plus 1 livre 1/2 de viande aussi par jour, montant » pour l'année à 109 livres 10 sous ; et enfin 11 livres pour son blanchissage, etc. ; » 3° pour son cheval, 144 livres 12 sous, savoir 87 livres 12 sous pour le foin, à raison de 20 livres par jour et de 25 sous le quintal ; 42 livres pour l'avoine, à raison » de 5 quartes par mois et de 12 sous la quarte, et 15 livres pour le ferrage. — On ne » comprend point de domestique pour servir le régisseur. Il n'en aura pas besoin tant » qu'on fera valoir à la main le domaine de la Porte, où il y a cinq valets et deux » servantes. (*État des revenus des terres du Montel-de-Gelat et Villossanges.* » —*Archives départementales*, série E, fonds Dauphin de Leyral. Liasse 13, cote 3.)

(2) Il s'agit évidemment ici de Saint-Julien-de-Brioude dont la fête se célébrait le 28 août et qui, d'après la *Vie des Saints d'Auvergne*, par Jacques Branche, était l'objet d'une grande vénération dans toute l'Auvergne.

Ainsi, dans les seigneuries que le duc de Bouillon possédait dans la Limagne, aux alentours de Maringues, les cens étaient stipulés payables tantôt à la mesure de Maringues, tantôt à la mesure de Clermont qualifiée aussi parfois de *mesure de Boulogne* et plus souvent encore de mesure de Saint-Beauzire (1).

D'autres fois, la reconnaissance portait simplement qu'on emploierait des mesures *censales*, *cessales* ou *cessalières*, c'est-à-dire les mesures de la dimension usitée pour le mesurage des grains de cens. Comme les seigneurs et surtout leurs fermiers avaient la réputation, souvent méritée, hélas ! non-seulement de ne pas faire de concessions ou de réductions, mais même de se faire payer, ouvertement ou par fraude, plus que leur dû (2), qualifier une mesure de *seigneuriale* ou de *cessale*, autrement dit de mesure spécialement affectée aux cens en grains exigés par le seigneur, c'était dire que cette mesure avait une contenance plus grande que la mesure ordinaire.

Il est juste de dire que, si certains seigneurs ne craignaient pas d'employer des mesures d'une dimension excessive et illégale, certains censitaires, de leur côté, faisaient usage de mesures pipées ou fraudées.

En 1733, le seigneur de Roueyre, en Haute-Auvergne, intenta un procès à ses tenanciers, leur reprochant d'avoir deux espèces de mesures ; l'une conforme à celle du marché de Saint-Flour et qu'ils employaient dans leurs transactions commerciales, l'autre, plus petite, *dont ils se servaient pour tromper leur seigneur dans le paiement de leurs cens.*

Mesure cessale, Ducange et Chabrol le constatent,

(1) Le nom de mesure de Saint-Beauzire venait de ce que le principal grenier des fermiers et régisseurs du duc de Bouillon, pour la région du Marais, était situé dans le village de Saint-Beauzire. On n'y faisait usage que de la mesure de Clermont.

(2) L'article suivant inséré dans le cahier du tiers état de Gien est assez significatif à cet égard : « Les rentes en grains, dit-il, seront mesurées par les débiteurs, non » par leurs créanciers ou leurs gens d'affaires (*Archives parlementaires*, tome III, » page 109). »

signifiait donc *mesure comble* (1), mesure chaperonnée, par opposition au nom de mesure *rase* ou mesure droite qu'on donnait à la mesure ordinairement en usage dans les marchés dont le contenu ne devait pas dépasser les rebords du récipient (2).

Pour les comptes, on donnait à la *cessalité*, c'est-à-dire à l'excédent de la mesure comble sur la mesure ordinaire, une estimation qui variait de un huitième à un quinzième et même jusqu'à un vingt-quatrième de la mesure ordinaire (3). Ainsi, à Usson et à Nonette, près Issoire, le setier cessal ou mesuré cessalement comprenait 9 quartons, c'est-à-dire un quarton en sus du setier ordinaire. A Murat, d'après Chabrol, la cessalité était considérée comme équivalent à un vingt-quatrième en sus.

IV. — Les cens étaient *irrachetables*. En d'autres termes, les censitaires n'avaient pas la faculté de s'exonérer en remboursant le capital de la rente annuelle qu'ils servaient. Mais, comme ce n'était pas une dette personnelle, ils pouvaient se dispenser de payer en abandonnant l'immeuble, ou, suivant l'expression consacrée, en *déguer-pissant*.

V. — Les cens étaient *indivisibles*, c'est-à-dire que le seigneur pouvait s'adresser à l'un quelconque des codéten-teurs d'un immeuble baillé à cens et lui réclamer la totalité

---

(1) Certains fermiers ou agents des seigneurs ne se contentaient même pas de la mesure comble, ils exigeaient la mesure *comble pressée*. En 1789, le tiers état des sénéchaussées du Bas-Limousin exprima formellement ses plaintes à ce sujet. Voir *Archives parlementaires*, tome III, page 541.

(2) Dans certains terriers il est question de *grande mesure* et de *petite mesure*. Ce sont probablement des termes équivalents à *mesure cessale* et *mesure rase*.

(3) « Il existe dans les terriers plusieurs reconnaissances qui portent : *mesures* » *cessales*, ce qui veut dire *mesure comble*. On passe pour la *cessalité* un quinzième » de la mesure ordinaire. » (*Délibération du directoire du district d'Issoire du* 9 *mai* 1791. — *Archives départementales*, administration centrale. Série 4. Jau-geage et Courtage.)

En 1768, les fermiers du seigneur de Thiers ne se contentant plus de la mesure du seigneur, plus grande d'un quarton par septier que la mesure du marché, exigèrent deux quartons par septier pour la *cessalité*. (Jacqueton, *Etudes sur la ville de Thiers*, pages 115 et 119.)

de la redevance. « Les différents détenteurs qui ont pris en
» cens un tènement moyennant une redevance annuelle,
» dit Chabrol (1), contractent ensemble une solidité (soli-
» darité) réelle qui imite la solidité personnelle. Elle les
» rend associés ; ils jouissent l'un pour l'autre. Chacun
» d'eux est censé mandataire et procureur constitué de ses
» codétenteurs, et le fait de l'un devient celui des
» autres. »

En Auvergne, la condition commune des cens était
d'être solidaires. La plupart des tènements ayant été donnés sous un seul et même cens, ce cens portait sur la totalité
du tènement et sur ses différentes parties. La plus petite
parcelle devait hypothécairement le tout sauf le recours des
codétenteurs les uns contre les autres.

Solidarité, Pagésie. — Les codébiteurs de cens étaient
désignés souvent en Auvergne par le nom de *copaginaires*
ou *compaginaires*, comme étant en *pagésie* ou *solidité* (2),
c'est-à-dire solidarité, avec tels ou tels autres possesseurs
de parcelles faisant partie du même tènement.

---

(1) *Chabrol*, tome II, page 690.

(2) Le mot *pagésie* (dérivé du latin *pagus*) était le nom d'une tenure rustique, ou
à parler selon l'étymologie, *paysanne*. — (D'après A. Monteil (*Histoire des Français
de divers états*, tome I, chapitre XLII), le mot *pagès* (de *pagenses*) était encore
usité dans le Midi, au commencement de ce siècle, pour désigner les laboureurs.) — Il
était à l'origine employé exclusivement pour *villenage*, pour héritage, tènement, censive, emphytéose. Les passages suivants, tirés de divers titres, l'indiquent suffisamment :
« *Pagesia seu tenentia* (charte de 1279, dans Ducange). — *Pagesias seu emphy-
» teosas* (titre de 1306. Ducange). » — « Comme le seigneur de Lastic eut baillé au
» suppliant à certain cens ou terme, *pagésie ou héritage*, et l'en eut vestu, et après
» ce que ledit suppliant eut tenu icelle *pagésie ou héritage*, l'espace de deux ans, etc.
» (Lettre de rémission de 1393, Ducange). »

Cette signification, le mot *pagésie* la conserva assez longtemps ; puis peu à peu elle
se modifia. Dès le XVIIᵉ siècle on trouve le mot *pagésie* avec le sens particulier d'*association solidaire*, ainsi que le constate une définition attribuée au président Guil-
laume de Lamoignon et qui est reproduite dans le glossaire de Ducange, édition Favre :
« *tenir en pagésie* est une espèce de tenure qui se trouve spécifiée ès terriers de plu-
» sieurs seigneuries ès pays de Velay, de Forest et de Bourbonnais et est de même effet
» que terre *en Fraresche* ès pays d'Anjou, Touraine et le Maine ou que *les Masures*
» en Normandie ; c'est-à-dire que chacun des détenteurs du fonds est tenu solidairement
» aux cens et redevances, sans que le seigneur soit tenu de diviser ni s'adresser à tous

Dans beaucoup de terriers, il est dit que les cens sont dus *en pagésie en cens uniforme, en uniformité de pagésie, sans division de cens, en pagésie uniforme.* Ces expressions signifient probablement que tous les divers membres de la pagésie, tous les copaginaires sont astreints aux mêmes devoirs, qu'ils ont des obligations identiques, uniformes, sans nul privilège ni préférence pour aucun et que le cens doit être payé en son entier et non par fractions.

» les détenteurs, si bon lui semble... » La première signification ne se rencontre guère plus; et à partir de cette époque, il semble que le mot pagésie soit exclusivement réservé pour dire *solidarité*, et pour désigner tantôt des réunions ou groupes de co-intéressés, de solidaires, tantôt l'ensemble des immeubles frappés de solidarité.

Dans son commentaire sur la coutume d'Auvergne, paru en 1784, Chabrol donne du mot pagésie une définition qui n'est qu'approximative mais qui montre cependant que ce mot comportait essentiellement le sens de *solidarité*. « Pagésie, dit-il, c'est le nom » qu'on donne en Auvergne à un cens solidaire. » (tome III, page 143). — Ailleurs, il parle de cens *dû par plusieurs en pagésie* (tome II, page 766) ; d'héritages *sujets à une même pagésie* (tome II, page 781). — Dans beaucoup de passages il appelle *copaginaires*, c'est-à-dire associés d'une même pagésie, les cotenanciers, les codétenteurs solidaires d'héritages frappés de cens.

Dans le terrier du chapitre d'Orcival, renouvelé de 1781 à 1787, après l'énonciation détaillée des censitaires et des cens, on lit : « lesquels cens, lesdits confessants ont » promis et se sont obligés, chacun en droit soi, pour les articles qui ne sont point *en* » *pagésie*, et solidairement pour ceux qui sont en pagésie, ainsi qu'il est expliqué aux- » dits articles, payer auxdits chanoines et à leurs successeurs, annuellement et perpé- » tuellement à chaque jour et fête de Saint-Julien, 28 août... » et plus loin : « lesquels cens, lesdits confessants ont promis et se sont obligés solidairement, *pagésie* » *par pagésie*, comme dessus, payer auxdits sieurs chanoines ou à leurs préposés, » chacun an, etc. » (Terrier du chapitre collégial d'Orcival etc., fait par Jean Conchon le Jeune, géomètre et commissaire aux droits seigneuriaux. — *Archives départemen- tales du Puy-de-Dôme.*)

Pagésie est encore assimilé à solidarité dans une pétition adressée d'Ambert à l'Assemblée nationale pour protester contre l'article 4 du décret du 3 mai 1790 qui veut que « si un fonds est tenu en censive par plusieurs copaginaires ou copropriétaires, l'un » d'eux ne puisse pas racheter sa quotité si le seigneur n'y consent. Il est assujetti à » faire le remboursement total sans pouvoir faire usage de la solidarité, *autrement* » *pagésie*, contre ses anciens cotenanciers ». *Rapport sur le rachat des droits féodaux et arrêté pris dans la Société des Amis de la Constitution séante à Ambert*, signé Pacros, président ; Lnarigeon-Vernet, secrétaire, etc., 12 pages in-4° de l'imprimerie Delcros, à Clermont.

En sa qualité de député du Puy-de-Dôme, Couthon s'occupa de faire abolir les *pagésies ou solidarités* (voir sa lettre du 12 avril 1792.)—*Correspondance inédite de Georges Couthon*, publiée par F. Mège, Paris, Aubry, 1872.

A l'origine, et jusque dans les derniers siècles, le nom de pagésie était synonyme de tènement ou simplement d'héritage. On le trouve avec cette signification dans beaucoup de titres non-seulement en Auvergne, mais dans le Velay, le Forez et le Bourbonnais. Plus tard on l'employa exclusivement tantôt dans le sens de *solidarité*, tantôt dans celui de *tènement possédé solidairement* ou dans celui de *groupement de tenanciers solidaires* (1).

Quelquefois, le territoire entier d'un village ne formait qu'une seule pagésie. Il y avait même dans les pays de montagnes des pagésies comprenant plusieurs villages. Le plus souvent cependant les seigneuries étaient divisées en plusieurs groupes ou réunions de copaginaires. Dans certains terriers, chacune de ces réunions, de ces pagésies, était désignée par une appellation particulière. On leur donnait soit le nom du hameau, quartier ou terroir où était situé le tènement le plus important des immeubles baillés à cens, soit le nom de la famille à laquelle le bail à cens avait été originairement consenti. Ainsi dans le terrier du prieuré de Perol, justice de Rochefort, il est question de la pagésie des Girards, de la pagésie des Gandebeufs, de la pagésie du village de Luc-Soubre, etc. (2).

VI. *Retrait censuel*. — Le censitaire pouvait vendre et modifier la terre tenue en censive, sans avoir besoin de la permission du seigneur. Mais il était astreint à payer le cens tant qu'il était tenancier et jusqu'à ce qu'il eut nommé le nouveau tenancier auquel il avait vendu.

En cas d'aliénation, le seigneur direct avait le droit, en

----

(1) *Voir la note précédente.* — Le système copaginaire était en usage dans toute la province et l'on trouve le nom de *pagésie* dans les terriers de la Limagne comme dans ceux de la montagne. Si parfois certaines reconnaissances ne le formulent pas, il est suffisamment suppléé par des expressions similaires qui ne peuvent laisser aucun doute sur la solidarité stipulée. Il est bon de noter cependant que les *pagésies* se rencontrent plus fréquemment dans les seigneuries de la partie montagneuse de la province.

(2) *Archives départementales du Puy-de-Dôme.*

Auvergne (1), de ne pas accepter la vente faite par le censitaire. Il exerçait alors, dans les trois mois de la prise de
possession de l'acquéreur, le droit de *prélation* ou de
retrait censuel, c'est-à-dire qu'il reprenait la propriété de
l'héritage vendu, bien entendu, en en remboursant le prix.

Les coutumes du Bourbonnais, de la Marche, du Nivernais et du Berry accordaient au seigneur le droit de retrait censuel, de même que la coutume d'Auvergne. Mais
dans la plupart des autres provinces, ce droit n'était pas
admis (2).

VII. *Droit de surjet.* — En cas de vente d'un héritage
censier, le seigneur direct avait encore en Auvergne un
autre droit que la coutume désigne sous le nom de *droit
de surjet.* C'était la faculté de faire mettre aux enchères
l'héritage vendu par son tenancier et de profiter de l'excé-
dant du prix, le cas échéant. « Ainsi, dit Chabrol, un
» héritage a été vendu 100 livres. Le seigneur croit qu'il
» vaut plus et cependant il n'est pas dans l'intention
» d'exercer le retrait censuel. Il a le pouvoir de le faire
» vendre publiquement aux audiences en faveur du plus
» haut enchérisseur; et, si cet héritage est porté à
» 150 livres, il profite des 50 livres dont le prix de la
» seconde vente a excédé celui de la première. Le prix de
» la vente est rendu au premier acquéreur. Le second
» demeure vrai et incommutable propriétaire (3). »

(1) Dans quelques localités cependant, comme à Chargnat près Issoire, le retrait
censuel était prohibé par la coutume.

(2) Une autre espèce de retrait, le *retrait lignager*, était aussi pratiqué en Auvergne. C'était le droit qu'avait la famille ou *lignage* de reprendre, en remboursant le
prix d'achat, tout immeuble vendu par un de ses membres. Ce droit était admis dans
toute la province d'Auvergne, tant dans les paroisses régies par la coutume que dans
celles soumises au droit écrit. On ne connaît que les paroisses d'Aigueperse et de
Chargnat près Issoire où le *retrait lignager* fut interdit.

Ce droit pesait lourdement sur la propriété dont il entravait la transmission et les
mutations. Aussi fut-il en 1789 signalé spécialement à l'Assemblée nationale par les
membres du tiers état d'Auvergne comme devant être l'objet d'une réforme ou tout au
moins d'une suspension provisoire. (Voir : *Un Arrondissement de la Basse-.turer-
gne en 1788 et 1789*, par Francisque Mège. Clermont, Ribou-Collay, 1892, in-8°).

(3) Chabrol, *Coutumes d'Auvergne*, tome III, page 326.

Dans le cas où le seigneur exerçait le droit de surjet, il ne pouvait prétendre aux lods et ventes pour la mutation.

Ce droit, qui avait été évidemment imaginé pour prévenir le dommage causé aux seigneurs par le déguisement des prix dans les ventes, n'était en usage que dans la seule province d'Auvergne et seulement dans quelques justices, entr'autres dans le duché de Mercœur (chef-lieu Ardes), dans les terres, d'Aubijoux, du Luguet, de Ségur, de Saint-Saturnin, de Mentières, de Rochegonde, de Saint-Didier, dans les seigneuries de Peyrusse, d'Aurières, de Lafayette, de Vissac, de Paulhaguet, de Neussargues, etc.

VIII. *Terriers.* — Afin d'arrêter la péremption de ses droits ou d'empêcher, selon l'expression de certains documents, que ses droits *ne souffrent de dépérissement*, en d'autres termes, pour rafraîchir la mémoire de ses tenanciers anciens et arriver à connaître exactement les représentants de ceux qui auraient disparu, ou quelquefois encore pour suppléer à l'absence de pièces égarées ou détruites, le seigneur faisait de temps en temps renouveler les titres de sa seigneurie et dresser ce qu'on appelait un *papier terrier* ou simplement un *terrier*.

Le terrier, comme qui dirait *le livre des terres* (1), était donc un registre contenant le dénombrement des particuliers qui relevaient d'une seigneurie et la reconnaissance ou récognition par ces particuliers des redevances et obligations auxquelles ils étaient assujettis envers le seigneur pour tel ou tel héritage, telle ou telle terre spécialement désignée et délimitée. Pour se reconnaître parmi les terriers successifs d'une même seigneurie, on baptisait parfois chacun d'eux d'un nom particulier. C'était tantôt un nom emprunté à quelque signe extérieur du volume; tantôt et le plus souvent,

____

(1) « Un terrier est un grand livre... il est appelé *terrier*, comme qui dirait livre » des terres et véritablement les terriers nombrent et décrivent toutes les terres. » (A. Monteil, *Histoire des Français de divers États*, tome I, épître XLII.)

c'était le nom du notaire qui avait reçu les reconnaissances : *terrier Désoches*, *terrier Greliche*, etc.

Pour faire dresser un nouveau terrier et obtenir l'autorisation d'obliger ses vassaux à venir devant le notaire
commis à cet effet, le seigneur devait préalablement se
munir de lettres patentes du roi qu'on appelait du nom de
lettres à terrier (1). Ces lettres étaient généralement lues
à trois reprises différentes au prône ou à la porte de l'église
à l'issue de la messe paroissiale. Elles étaient de plus affi-
chées en des lieux déterminés.

La rénovation d'un terrier était une opération fort
longue (2) et souvent fort dispendieuse (3). Mais les sei-

(1) Certains seigneurs se passaient de *lettres à terrier* sous prétexte qu'elles
n'étaient pas de nécessité absolue et ils octroyaient simplement au commissaire rénovateur des *lettres de notaire*, à la faveur desquelles ce feudiste recevait les reconnaissances des censitaires, en gardait la minute et en délivrait des expéditions. Mais il n'y
avait que les seigneurs haut justiciers qui eussent qualité pour instituer des notaires.

Les *lettres à terrier* n'étaient pas toujours identiquement formulées dans les
mêmes termes. Mais elles portaient ordinairement une prescription comme la suivante
ou une autre analogue : que « tous [vassaux, emphitéotes et détenteurs des biens et
» héritages sujets aux droits et devoirs envers*** et généralement, tous ; les relevables
» d'iceux résidants ou non résidants ès dits lieux, seront tenus de faire les foi et hom-
» mage dont ils peuvent être tenus et donner les aveux, dénombrements, reconnais-
» sances et fidèles déclarations, des noms, qualité, contenance, tenants et aboutissants,
» charges et redevances tant en fief qu'en roture de tout et un chacun les bâtiments,
» terres, bois, étangs, moulins, rivières, prés, vignes et généralement de tous les héri-
» tages qu'ils possèdent dans la mouvance dudit seigneur... » (*Terrier de Sainte Anne-
la-Bastide dépendant de la Commanderie de Chanonat*, renouvelé en 17.. — Archives départementales.)

(2) Un terrier du chapitre collégial d'Orcival, commencé en 1781, ne fut terminé
qu'en 1787. Il y avait des rédactions de terrier qui duraient plus longtemps encore.
« On voit aujourd'hui, dit Chabrol, que l'opération d'un renouvellement de terrier
» consomme quelquefois douze ou quinze ans ». (*Coutumes d'Auvergne*, tome II,
page 685.)

(3) Les prix variaient suivant les temps, les lieux et les conditions imposées. Ainsi
on payait plus cher lorsque le cens était *épars*, c'est-à-dire lorsque les censives
n'étaient pas attenantes l'une à l'autre et se trouvaient entremêlées avec les censives
d'autres seigneuries.

En 1757, le marquis de Miramon, voulant renouveler le terrier de sa baronnie
d'Yolet, dans la Haute-Auvergne, s'engagea à payer pour cette opération au sieur
Capelle, feodiste, la somme de trois livres dix sols, par chaque septier de cens en grains
d'une année, qui se trouverait reconnu, et promit en outre de nourrir, éclairer, chauffer

gneurs s'arrangeaient le plus souvent pour mettre les frais à la charge des censitaires exclusivement. Ces frais étaient parfois calculés en bloc. Ordinairement, cependant, on payait tant par article reproduit, le premier devant la taxe entière et les autres une taxe décroissante.

Dans les vingt ou vingt-cinq années qui précédèrent la Révolution, mais surtout de 1780 à 1789, les rénovations de terriers se multiplièrent considérablement.

Les exigences d'un luxe toujours croissant avaient donné naissance à de nouveaux besoins, et, pour y faire face, la noblesse était obligée de se procurer des ressources, soit en empruntant, soit en faisant rendre à ses terres le maximum de produit. De là des recherches, des révisions de titres. Il se créa même une classe d'agents d'affaires, d'industriels spéciaux, qui, sous le nom de *commissaires aux droits seigneuriaux* mais surtout de *commissaires à terriers*, offrirent leurs services et les firent agréer aux seigneurs, pour dresser un nouveau recensement de leurs cens et redevances, pour interrompre des péremptions imminentes, arrêter les désuétudes, ressusciter des droits oubliés ou négligés et enfin reconstituer minutieusement les livres terriers.

Il va sans dire que leurs émoluments étant calculés

et faire blanchir ledit Capelle ainsi que son clerc pendant toute la durée de la rédaction, et de nourrir aussi son cheval. *(Inventaire des Archives départementales du Cantal, antérieures à 1790.)*

Ailleurs, on trouve stipulé que le rénovateur touchera 4 livres pour le premier article de chaque reconnaissance, plus 5 sols pour chacun des autres articles jusqu'à dix, et 2 sols 6 deniers pour chacun des autres au-dessus de dix.

Le 1er mars 1789, un sieur Mottet, féodiste à Brioude, traita avec la comtesse de Balincourt, dame de Montgon, pour la rénovation du terrier et la confection du plan géométrique de la terre de Féchal, près Ardes, ainsi que pour l'établissement d'un *parangon* (le traité dit *paragon*) ou tableau comparatif et de concordance entre l'ancien et le nouveau terrier. Le prix convenu était de 32 livres par chaque septier de tous grains porté dans les reconnaissances. Le féodiste n'était pas nourri et devait payer les frais de contrôle, papier timbré, indicateurs, etc. *(Dossier relatif à la seigneurie de Montgon, près Brioude, communiqué par M. Paul Le Blanc.)*

d'après le chiffre des cens et droits reconnus et d'après le nombre des articles renouvelés, ces commissaires s'efforcent de les multiplier. C'est ainsi qu'ils font revivre des droits auxquels un précédent propriétaire avait bénévolement renoncé; c'est ainsi qu'au lieu de comprendre dans une seule déclaration les ténements *en pagésie* appartenant à plusieurs débiteurs solidaires, certains font autant d'articles séparés qu'il y a de censitaires, en sorte que là où ils auraient dû toucher 30 ou 40 sols par exemple, ils arrivent parfois à se faire payer jusqu'à 50 livres. C'est ainsi encore qu'en quelques lieux ils émettent la prétention d'arpenter à leur guise les héritages des censitaires et d'attribuer aux seigneurs, pour en faire de nouveaux articles, tout ce qui excède la contenance énoncée dans les anciens titres. Il en est même qui, dans l'espoir de plus beaux bénéfices, prennent la rénovation à forfait. Et, comme ils sont retors et sans scrupules, comme ils connaissent à fond tous les recoins de la chicane et sont doués d'une audace imperturbable (1), et comme enfin les tribunaux et les parlements composés de propriétaires de droits seigneuriaux sont présumés, non sans fondement, devoir être favorables à leurs entreprises, les malheureux paysans, intimidés, finissent presque toujours par céder et par consentir à de nouvelles reconnaissances, bien que le chiffre des redevances mises à leur charge en soit démesurément accru.

Cette exploitation, cette mise des censitaires en coupe

---

(1) Certains de ces commissaires à terriers étaient si acharnés à leur œuvre qu'ils voulurent la continuer même après et longtemps après l'abolition des droits féodaux, même après l'interdiction par la Constituante de toute confection de terriers, cueilloirs et cueillerets. Le 23 juin 1791, le directoire du département du Puy-de-Dôme, à la suite d'avertissements restés infructueux, fut obligé de prendre un arrêté prescrivant formellement à un féodiste géomètre *de cesser toutes demandes et poursuites pour la rénovation des terriers du prieuré de Sauxillanges dont il était chargé* et, malgré cela, ce ne fut que sur une nouvelle injonction du 8 juin 1792 que ledit féodiste consentit à se soumettre. (*Archives départementales*, fonds du district d'Issoire. Domaines. Liasse 33.)

réglée fut rendue plus facile encore par certaines lettres patentes auxquelles, dans un moment d'aveuglement incompréhensible, le roi apposa sa signature le 20 août 1786. On croirait que ces lettres, évidemment provoquées par des gentilshommes uniquement soucieux de sauvegarder leurs redevances seigneuriales, n'ont eu d'autre but que de rendre plus lucratif le métier de commissaire à terrier. Sans limiter les cas et les dates des renouvellements, elles augmentent en effet le nombre des pièces exigibles et portent au maximum le tarif des vacations et des honoraires dus par chaque déclaration. Qu'on juge d'ailleurs, du mauvais effet produit par cette décision royale, par le passage suivant du cahier rédigé en 1789 par le tiers état de Bar-sur-Seine : « Depuis quelques
» années, dit-il (article 43), la faculté qu'ont les seigneurs
» de renouveler leurs terriers est devenue pour eux une
» branche de commerce, et, pour les officiers qu'ils em-
» ploient à cette opération, un moyen très prompt de
» s'enrichir aux dépens des censitaires. Ces officiers,
» connus sous le nom de commissaires à terriers, n'hési-
» tent point à acheter d'un seigneur la permission de
» renouveler son terrier. Les reconnaissances, dont le prix
» a été triplé par des lettres patentes qui ont été surprises
» à la religion de Sa Majesté, en 1786; la grosse en par-
» chemin qui se paie séparément et qui ne se délivre
» jamais; l'expédition en papier qui se délivre encore
» moins; les frais énormes qu'occasionne ensuite le blâme;
» qui souvent n'est fondé que sur une erreur légère dans
» les tenants et aboutissants ou dans les aspects du soleil;
» sont les sources dans lesquelles ces commissaires puisent
» de quoi se rédimer au centuple de ce qu'ils ont payé au
» seigneur. Ce genre de vexation, qui fait tous les jours de
» nouveaux progrès, sollicite une loi qui, en ne permettant
» aux seigneurs de ne renouveler leurs terriers que tous
» les 20 ans, modère les gros frais auxquels ces sortes de
» rénovations donnent lieu; et cette loi est d'autant plus

» urgente qu'il est certaines paroisses où le coût d'un
» terrier a surpassé le montant de ce qu'on y paie de
» taille en cinq ans (1). »

En Auvergne, on ne trouve guère de manifestation
contre les terriers et leurs rénovateurs. Cela tient peut-
être à ce que, dans une grande partie de cette province,
les héritages étant réputés francs et allodiaux, en vertu
de la maxime en usage : *Nul seigneur sans titre*, on admettait que c'était aux seigneurs à faire la preuve de leurs
droits de seigneurie et à produire à leurs frais les titres
nécessaires, sans que les censitaires eussent rien à débour-
ser. Il est à croire cependant que, dans les régions de
l'Auvergne, où l'usage avait prévalu de charger les censitaires des frais de rénovation, la plupart des commissaires
à terriers n'étaient pas plus instruits, pas plus scrupuleux
ni plus bienveillants que dans les autres provinces et que
leur manière de procéder n'était ni plus intelligente (2),
ni plus honnête que celle qu'on leur connaissait dans les
pays limitrophes, comme le Velay, par exemple.

Or, voici comment s'exprime à leur sujet le cahier du
tiers état du Puy : « *Art. 31.* Qu'il soit établi dans chaque
» province un cours d'études pour les commissaires à ter-
» riers et experts ; que nul ne puisse exercer cet état

---

(1) *Archives parlementaires*, tome II, page 259. — « Que la déclaration du
» 20 août 1786, dit de son côté le tiers état d'Auxerre, soit retirée: elle établit un
» impôt écrasant sur les propriétaires de fonds. » (*Archives parlementaires*, tome II,
page 123.)

(2) Les renouvellements de terriers étaient faits le plus souvent sans grands soins
et sans souci de la sincérité et de la perfection de l'ouvrage. Chabrol remarque, à
propos des corvées, qu'en Auvergne les rénovateurs, soit ignorance, soit négligence,
« avaient donné lieu à *des équivoques et à des obscurités* en mêlant souvent des
» droits personnels et de justice parmi des droits réels et de directe. » (Tome II,
page 469.)

Une lettre adressée au député Biauzat, le 15 août 1789, par les officiers municipaux de Clermont, indique suffisamment que l'Auvergne avait eu, elle aussi, à
souffrir des commissaires à terriers. « Vous savez, dit-elle, tout le mal qu'a fait
» le renouvellement des terriers par la découverte de ces titres ténébreux et sus-
» pects qu'une jurisprudence barbare et injuste adoptait avec rigueur. » (*Gaultier de
Biauzal, sa vie et sa correspondance*, par Francisque Mège, tome I, page 242.)

» qu'après une enquête de bonne vie et mœurs, un examen
» préalable par les officiers royaux du lieu où il voudra
» exercer, et qu'il soit fait un tarif modéré pour leurs
» droits. — *Art. 32.* Que lors des rénovations, les emphy-
» téotes puissent présenter au moins trois sujets dont le
» seigneur soit obligé d'en choisir un. — *Art. 33.* Que les
» seigneurs ne puissent faire renouveler leurs terriers aux
» dépens des emphytéotes que tous les cinquante ans,
» hors le cas de vente. — *Art. 35.* Que les seigneurs, lors
» des traités qu'ils feront pour la rénovation de leurs ter-
» riers, ne puissent céder les arrérages et découvertes
» en tout ou en partie aux rénovateurs (1). »

Ces quatre articles, vraisemblablement applicables à
l'Auvergne aussi bien qu'au Velay, font ressortir nettement toutes les iniquités et tous les vices du système
employé pour la rénovation des terriers, la cupidité, l'in-
souciance et l'injustice des seigneurs tout comme l'ignorance, l'absence de scrupules et la rapacité des commissaires à terriers.

IX. *Lièves.* — Outre les papiers terriers nécessaires
pour la constatation de leurs cens, les seigneurs ou ceux
qui les représentaient employaient encore des livres de
comptabilité appelés *lièves*, et cela dans toutes les régions
de l'Auvergne, en pays régis par la coutume comme en
pays de droit écrit (2).

S'il faut en croire une savante dissertation sur les lièves
d'Auvergne, la liève n'était, dans le principe, qu'une
espèce de table ou répertoire abrégé destiné à faciliter au
seigneur ou à ses fermiers et régisseurs l'usage du terrier
de la seigneurie.

« Cette table se perfectionna peu à peu et devint enfin

---

(1) *Archives parlementaires.*

(2) « Les reçus et les lièves se pratiquent en droit écrit comme en coutume d'Au-
» vergne. Il est nécessaire que le seigneur ou son fermier puisse se rendre compte à
» lui-même, et que l'emphytéote, qui a négligé de conserver sa quittance ou de la
» prendre, puisse trouver, dans une espèce de journal public, la preuve de sa libéra-
» tion et surtout celle de ses copaginaires. » (Chabrol, tome II, page 681.)

» un extrait du terrier, article par article, dans l'ordre
» des reconnaissances ou déclarations, contenant le précis
» de chacune, c'est-à-dire la nature et le montant de la
» redevance, la contenue, la qualité et les confins du
» tènement asservi, tels que les terriers les énoncent, le
» nom du territoire où l'héritage est situé, celui de l'em-
» phytéote et enfin l'indication des pages ou feuillets tant
» du dernier terrier que des précédents, s'il y en a, où l'on
» trouverait la reconnaissance en cas de besoin. On com-
» prend qu'un pareil extrait, quoique non signé de per-
» sonne, était un mémoire suffisant pour faire la levée des
» cens et autres devoirs seigneuriaux (1), et s'épargner la
» peine de fouiller à tout moment dans le gros volume du
» terrier; et c'est apparemment du mot *lever* ou *levée*
» que fut formé celui de *lièce* qu'on a donné à cet
» extrait (2). »

Plus tard, — et le fait s'est produit bien avant le
xviiie siècle (3), — on augmenta l'importance des lièves
par un certain nombre d'adjonctions et annotations de
détails. Les fermiers et régisseurs prirent l'habitude d'ins-
crire en marge et à côté de chacun des articles :

1° Le nom des détenteurs actuels des héritages;

2° L'indication des mutations subies par ces héritages,

(1) Plusieurs terriers constatent, en effet, que les *lièces* faisaient parfois office de
terriers. « Annet... a reconnu tenir de... maison et jardin... *suivant qu'il est*
» *contenu en la lièce de la seigneurie de Las tenant lieu de terrier...* —
» Jacques et etc... ont confessé tenir solidairement... une œuvre et demie de pré...
» dont X a fait anciennement même reconnaissance *suivant qu'il est contenu en la*
» *lièce de la seigneurie de Mercurol tenant lieu de terrier...* » (*Archives départementales*. Terriers de Laps, 1683.)

(2) *Origine, forme et usage des lièves d'Auvergne*, dissertation insérée (pages
243 à 265) dans les *Coutumes du Haut et Bas pays d'Auvergne*, par Pierre-Paul
Artaud (Clermont, Viallanes, 1770, 648 pages in-4°). Au dire de Chabrol (*Préface*
de son *Commentaire de la Coutume*, page V), l'auteur de cette dissertation serait
M. de Champflour, lieutenant particulier au présidial de Clermont.

(3) D'après Chabrol, « il y a lieu de penser qu'on ne donna une forme aux lièves et
» reçus que lorsqu'on vit s'élever, vers la fin du xvie siècle, des contestations sur la
» prescriptibilité et la prescription du cens. » (*Coutumes d'Auvergne*, tome II,
page 685.)

à mesure qu'elles se produisaient. Pour cette indication, ils se servaient, en guise d'abréviation, des mots *modo* (1) *un tel* (autrement dit : *maintenant, à l'instant*, c'est un tel qui est cehsitaire), ce qui valut aux liéves ainsi annotées le nom de *liéves modées* (2). Afin de donner plus d'autorité à ces liéves, il était fréquemment stipulé dans les baux à ferme des directes, que le fermier serait tenu de remettre au seigneur, à l'expiration de son bail, une liéve et reçu, modée et paraphée à chaque article et d'en attester la sincérité par serment devant le juge (3) ;

3° L'indication des années dont les emphytéotes avaient payé la redevance, et, pour les années impayées, les causes qui avaient pu empêcher la perception.

Ainsi complétées, les liéves constituaient des documents d'un grand poids dans les contestations qui s'élevaient au sujet des droits seigneuriaux. La jurisprudence admettait généralement qu'une liéve régulière était susceptible de relever la prescription des cens, lorsque cette prescription n'était pas déjà acquise, et pouvait suppléer aussi, en cas de besoin, aux défectuosités et à l'insuffisance du titre de la redevance.

CENS EN COMMANDE.

Chabrol le définit : une redevance personnelle due au seigneur pour la protection qu'il a accordée originaire-

---

(1) Sur cette signification du mot *modo*, voir *Grand dictionnaire de la langue latine*, par Freund, tome II, page 501.

(2) *Origine, forme et usage des liéves d'Auvergne.*

(3) Exemple : « Les preneurs seront tenus de remettre à la fin du bail, *une liéve ou reçu dûment modée et attestée relative à la liéve terrière, laquelle liéve ou reçu ils seront tenus d'affirmer à leurs frais devant le juge de Mozun ou devant le lieutenant général de la sénéchaussée de Clermont ; laquelle liéve ou reçu contiendra le nom et surnom des redevables ou détenteurs actuels et la nature et qualité des grains et redevances qui auront été par eux perçus dans les neuf années du bail.* » (*Archives départementales*. Bail de la terre et seigneurie de Mozun, consenti le 31 décembre 1762, devant Chaudessolles et Thoury, notaires à Clermont, par Mgr de Lagarlaye, évêque de Clermont.)

ment aux vassaux d'un autre qui était moins puissant que lui (1).

Ce genre de cens, appelé aussi *cens de protection*, ou bien était en concours avec un cens dû à un autre seigneur, ou portait sur des héritages qui ne devaient aucun autre cens. Les cens en commande étaient souvent payés par tout un village. D'autres fois, c'était un particulier seul qui les devait.

En Auvergne, on les percevait sur plusieurs grandes terres, à Usson, à Nonette, à Mercœur, etc.,et même dans des terres de moindre importance.

Des droits semblables étaient perçus dans d'autres provinces, mais sous des noms différents. Ainsi, les cens appelés en Lorraine droits de *sauvement* ou de *sauvegarde*; en Alsace, droits d'*Avouerie*; en Hainaut, droits de *Poursoin*; en Flandre et en Artois, droits de *Gave*, *Gavenne* ou *Gaule*, ne sont que le prix de la protection jadis accordée par des seigneurs. Ce sont, selon le terme de Ducange, des prestations *pro tutelâ et protectione*.

CHAMPART.

Du latin *campi pars*, part du champ, part de la récolte. C'était une redevance en nature prélevée au profit du seigneur sur les produits des héritages donnés à cens. Quelquefois elle tenait lieu de cens. D'autres fois, elle était payée *outre et pardessus* le cens et la rente.

La quotité du champart variait suivant les lieux. Là, il était du quart, du cinquième ou du huitième de la récolte, tandis qu'ailleurs il était du vingtième. En Auvergne, on trouve des champarts à la quatrième et à la dixième portion des fruits. Dans ce dernier cas, on lui donnait en certaines localités le nom de *dime seigneuriale*.

Le champart se prélevait quelquefois avant, mais ordinairement après la dîme, par la raison que, s'il avait été

(1) Chabrol, tome II, page 560.

perçu avant, une partie des fruits aurait échappé à la dîme. On le trouvait plus onéreux que la dîme, car il était portable, alors que la dîme était quérable. Dans quelques localités même, l'apport de la part de récolte dans la grange du champarteur devait être précédée d'un avertissement donné vingt-quatre heures à l'avance. Certains seigneurs avaient des prétentions plus rigoureuses encore. Ne voulant pas prendre leur portion de récolte, comme elle se présentait, au tout venant, ils exigeaient que cette portion fût triée et choisie avant de leur être livrée (1).

Le plus souvent, le seigneur prenait tous les ans sa part convenue de récolte, le quart, par exemple. Mais dans certains lieux, la manière de procéder était tout autre. Le seigneur jouissait pendant une année de toute la récolte et laissait jouir à son tour pendant trois ans consécutifs, sans aucune charge, le tenancier débiteur du champart.

Les mots *champart*, *percière* ou *parciaire*, *tasque*, *agrier* et *terrage* sont réputés synonymes. En y regardant de près, cependant, on pourrait peut-être trouver quelques différences entre les droits qu'ils servent à désigner. Du reste, on n'employait guère en Auvergne que le mot de *champart* et surtout celui de *percière*.

CHASSE.

« La chasse exclusive n'est pas un droit. Tout droit ne
» peut provenir que d'une convention stipulée entre les
» parties intéressées. Or les peuples n'ont jamais consenti
» à nourrir à perpétuité et à leurs dépens la quantité de
» gibier qu'il plairait aux seigneurs, aux propriétaires de

---

(1) « Les droits de champart causent les entraves les plus gênantes aux progrès de
» l'agriculture. Il est nécessaire de supplier les propriétaires des champarts de con-
» sentir qu'ils soient non portables mais quérables, comme la dîme, sans avertissement
» et que la perception s'en fasse sur le bon et sur le mauvais, ainsi que la récolte le
» comportera. » (*Cahier du tiers état de Clermont en Beauvaisis. Archives parlementaires*, tome II, page 756.)

» seigneuries et aux conservateurs de chasse de faire pul-
» luler (1). »

C'est le cahier du tiers état de la paroisse de Triel
(aujourd'hui arrondissement de Versailles) qui s'énonce
avec cette netteté, avec cette décision. Mais le gouvernement, mais la noblesse, mais beaucoup de jurisconsultes
avaient une opinion toute contraire.

Selon quelques-uns, le droit de chasse était un droit
seigneurial dérivant des banalités. Selon d'autres, c'était
un droit inhérent à la haute justice, à titre de droit fiscal
et domanial, le gibier étant une espèce d'épave et les
épaves appartenant aux seigneurs. D'après le gouvernement, le droit de chasse était un droit exclusivement royal,
et si les gentilshommes en usaient dans leur justice ou leur
fief, ce n'était qu'en vertu d'une permission ou de la tolérance du roi.

M. d'Avenel, d'accord en cela avec le cahier de Triel,
prétend que le privilège de la chasse revendiqué par la
noblesse serait relativement moderne et ne remonterait
pas plus haut que le XVIᵉ siècle. Jusqu'à cette époque, la
chasse aurait été, d'après lui, libre pour tout le monde (2).
Quoi qu'il en soit du plus ou moins d'ancienneté du droit,
plusieurs actes royaux et notamment une ordonnance
de 1533 déclarèrent que le droit de chasse appartenait aux
seigneurs et nobles et *non à d'autres;* et les prescriptions de ces ordonnances furent reproduites par des
ordonnances subséquentes.

En somme, au moment de la Révolution, la chasse était
partout exclusivement réservée à la noblesse. Quant aux
marchands, artisans, paysans, bourgeois, en un mot à
tous les roturiers, de quelque état et qualité qu'ils

---

(1) *Archives parlementaires,* tome V, page 147, article 93.
(2) D'Avenel. *Histoire économique de la propriété, des salaires, des denrées
et de tous les prix en général, depuis l'an 1200 jusqu'en l'an 1800, 2 volumes.
Paris, imprimerie nationale, 1894.* — « Jusqu'au XIVᵉ siècle, dit le tiers état de Triel,
» la chasse fut libre à tous conformément au droit naturel, au droit des gens et au
» droit de la propriété... » (*Archives parlementaires.*)

fussent, non possédant fiefs et seigneuries, la chasse leur
était interdite à peine de cent livres d'amende pour la
première fois, du double pour la seconde et du carcan et
du bannissement pendant trois ans du ressort, pour la
troisième. Il est vrai que si ces punitions ultra sévères
étaient inscrites dans les lois, elles étaient rarement infli-
gées et exécutées dans toute leur rigueur. Leur sévérité
même nuisait à leur efficacité.

En Auvergne particulièrement, la législation draco-
nienne instituée pour la protection du droit de chasse
était, à peu d'exceptions près, appliquée avec assez de
mollesse et de négligence. Un arrêt du Conseil supérieur
de Clermont, du 1er septembre 1772, constate dans son
préambule que, dans la province, les règlements et ordonnances sur la chasse « étant restés sans exécution, soit par
» la négligence des seigneurs hauts justiciers et proprié-
» taires de fiefs, soit par la difficulté réelle de les faire
» exécuter, les artisans, bourgeois, paysans et roturiers se
» sont livrés à l'exercice de la chasse avec la plus grande
» licence, de sorte qu'après avoir dépeuplé les campagnes
» de gibier, ils tirent sur les pigeons et les volailles des
» fermiers et des habitants des villages... » Et, partant
de là, le Conseil supérieur renouvelle les défenses et
prohibitions portées par les édits et ordonnances et spécialement par l'ordonnance de 1669 (1).

Mais ce rappel à l'observance stricte de la loi ne semble
pas avoir obtenu de grands résultats; et, jusqu'au moment
de sa suppression, en 1789, le privilège exclusif de la
chasse, faiblement protégé par l'administration, ne cessa
d'être, dans la plupart des seigneuries d'Auvergne, constamment méconnu et battu en brèche (2). Il n'y avait

(1) Arrêt du Conseil supérieur de Clermont du 1er septembre 1772. (3 pages in-4e
de l'imprimerie Boutaudon, à Clermont. — Bibliothèque municipale, section d'Auvergne, no 513.)

(2) En 1781, un vétérinaire de Brioude ayant été pris en action de chasse par la
maréchaussée, en fut quitte pour une semonce de l'Intendant et pour des excuses à

guère que dans les paroisses situées à l'intérieur ou sur le pourtour des quelques grandes terres de la province, comme le comté d'Auvergne, par exemple, où la chasse privilégiée donnât lieu à des abus un peu sérieux.

Sans être exonérée formellement des proscriptions rigoureuses édictées par les lois sur la chasse, l'Auvergne, éloignée des résidences royales et princières, n'avait, d'ailleurs, jamais eu à souffrir du régime des capitaineries (1), non plus que des réglementations excessives qui, dans d'autres provinces, comme l'Ile-de-France et la Normandie, et surtout dans le voisinage de Paris et de Versailles, causaient le désespoir et la ruine des habitants des campagnes et faisaient dire *qu'on protégeait les bêtes comme si elles étaient des hommes et qu'on poursuivait les hommes comme s'ils étaient des bêtes.*

CHEVROTAGE.

Droit que les habitants, possesseurs de chèvres, devaient à leur seigneur. Ce droit, un peu tombé en désuétude, était cependant perçu encore dans quelques seigneuries à la fin du XVIIIe siècle.

Voici ce qu'on peut lire dans le terrier déjà cité de la baronnie de Digons, paroisse de Pébrac, renouvelé en 1774 : « Si le confessant tient une ou plusieurs chèvres » dans le mandement de Digons, paiera un chevreau bon » et suffisant entre les fêtes de Pâques et de la Pente- » côte. »

Ailleurs, le droit était de la cinquième partie de la valeur d'un chevreau.

l'officier de maréchaussée qui avait verbalisé et envers lequel il avait employé des paroles discourtoises. (*Archives départementales.* Fonds de l'Intendance, série C, n° 1421.)

(1) Dans son dernier article, le cahier de la sénéchaussée de Riom, de mars 1789, indique suffisamment que l'Auvergne n'avait pas à se plaindre personnellement de capitaineries, lorsqu'il dit : « Instruite des maux que produisent les capitaineries dans » les campagnes qui environnent la capitale, nous vous recommandons d'en solliciter » la suppression... »

CLAME.

Le nom de *clame* servait ordinairement à désigner une amende encourue au profit du seigneur haut justicier par ceux dont les bestiaux causaient, en pacageant, des dommages à autrui. Cette amende était exigible sans préjudice des réparations dues aux propriétaires des héritages. Certaines coutumes locales, celle de Saint-Babel, près Issoire, entr'autres, permettaient de *bailler à clame*, c'est-à-dire de mettre entre les mains de la justice, et de rendre ainsi passibles d'amende, non-seulement les bestiaux, mais aussi les personnes surprises faisant dommage dans les vergers et dans les vignes.

La *clame* était également en usage dans le Nivernais, où on lui donnait le nom de *clain*.

Il y avait ouverture à *clame* principalement : lorsque des bestiaux entraient dans un pacage réservé ; lorsqu'un bétail quelconque causait un dégât dans un héritage ; lorsque des cochons ou des chèvres pâturaient dans des prés, etc. Le pâturage des oies dans les prés n'était pas plus toléré que celui des porcs et des chèvres, mais il était puni d'autre manière. « Quant aux oies, dit la coutume, s'il y en a nombre de vingt et au-dessus, est » permis d'en tuer deux, en les laissant ès prés où auront » été trouvées, sans les pouvoir approprier à son profit. » Et, s'il y en a moins que le nombre de vingt, l'on n'en » pourra tuer qu'une en la laissant comme dessus. »

Le droit de clame, taxé à vingt deniers en Nivernais et à trois sols en Auvergne, était à peu près tombé en désuétude dans cette dernière province, à la fin du xviiie siècle. « Les seigneurs, dit Chabrol, n'exigent point ce droit de » clame, à cause de la modicité et de la diminution du » prix des espèces numéraires (1). » Mais il était encore exigé dans le Velay où on le percevait sans doute à un

(1) Chabrol. *Coutumes d'Auvergne*, tome III, page 613.

taux plus élevé et de façon plus vexatoire. Le tiers état de
cette province le fit figurer, dans son cahier, en 1789,
parmi les droits dont il demandait formellement la suppression (1).

Le nom de *clame* ou *clain* était employé dans quelques
provinces tantôt dans le sens de *saisie judiciaire*, tantôt
dans celui de *citation*, de demande en poursuites.

COLOMBIER *(droit de).*

Les usages et coutumes concernant le droit exclusif de
colombier n'étaient pas les mêmes dans toutes les provinces de France.

D'après les commentateurs de la coutume de Paris, les
particuliers, sans fief ni justice, peuvent tenir colombiers,
pourvu que ces colombiers ne soient pas bâtis en forme de
tour, qu'ils n'aient ni créneaux ni girouettes carrées ou
autres marques seigneuriales, et qu'ils soient entourés
d'une certaine quantité de terres labourables pour nourrir
les pigeons.

Dans les pays de droit écrit, on distinguait entre les
colombiers à pied, c'est-à-dire élevés sur des murs partant
depuis terre, qui étaient réservés aux seigneurs, et les
colombiers bâtis sur piliers, qui, ne portant aucune marque
seigneuriale, faisaient partie des droits utiles des consitaires et pouvaient être élevés par tout le monde, à moins
de titre prohibitif.

En Dauphiné, les roturiers ne pouvaient pas avoir de
colombier, même sur piliers, sans la permission des seigneurs, quelle que fût l'étendue des terres labourables
dont ils étaient propriétaires.

Dans le Boulonnais, le droit de colombier était, dans
l'origine, exclusivement réservé aux seigneurs. Mais, à la
longue, par suite d'une tolérance excessive, la plupart des
propriétaires en étaient venus à installer des colombiers

(1) Cahier du tiers état de la sénéchaussée du Puy en Velay (*Archives parlementaires*, tome V, page 469).

dans leurs domaines, de telle façon que les récoltes en
céréales subissaient des dégâts énormes, soit au moment
des semailles, soit lors de la maturité des grains. Aussi,
en 1789, les habitants demandèrent-ils le rétablissement
du privilège exclusif des seigneurs (1).

En Auvergne, les habitants n'eurent pas lieu d'être
réduits à cette singulière extrémité. Le droit de colombier
n'étant ni droit de justice ni droit de fief, chacun avait, à
peu près partout, le droit de construire des colombiers à
sa guise (2). Le fait fut constaté par un député de la province au mois d'août 1789, lors de la discussion sur l'abolition des droits féodaux : « Chez nous, dit-il, tout vigne-
» ron, tout laboureur a un colombier. Le droit n'est pas
» exclusif, et il n'en résulte, en Auvergne, aucun incon-
» vénient (3). »

COMMUN DE PAIX.

Le *commun de paix* était une sorte de taxe qui avait
été instituée dans le Rouergue depuis le xii° siècle, pour
permettre aux seigneurs laïques ou ecclésiastiques de faire
les frais d'une garde chargée de veiller à la sûreté des
personnes et des biens.

Nous mentionnons ici le droit de commun de paix parce
que, du Rouergue, il s'était propagé dans quelques villages et paroisses de l'Auvergne, limitrophes de la vallée
du Lot, notamment à Saint-Parthem (aujourd'hui département de l'Aveyron) et à Saint-Santin, canton de Maurs

(1) Doléances de la paroisse de Pittefaux, art. 22 et 23 (*Cahier des doléances de
1789 dans le Pas-de-Calais*, par Loriquet. Arras, 2 vol. grand in-8°. 1891).

(2) « On a demandé si, en Auvergne, les seigneurs hauts justiciers étaient en
» droit d'empêcher de construire des colombiers. On sait que sur cette matière l'usage
» varie dans chaque pays. Celui d'Auvergne est que chacun a droit de construire des
» colombiers et en la forme qu'il le juge à propos. Ce n'est point parmi nous un droit
» de justice ni de fief. La sénéchaussée d'Auvergne l'a jugé il y a peu d'années (en 1773)
» contre le sieur Androdias du Chastel. » (Chabrol, *Coutumes générales et locales
de la province d'Auvergne*, tome I, page 53.)

(3) Séance du 6 août 1789 (réimpression de l'ancien *Moniteur*, n° 36).

(Cantal) (1). Ce droit était de douze deniers par chaque chef de maison, six deniers pour chacun des autres habitants, deux sols par cheval ou mulet portant bât, douze deniers par bœuf arant, six deniers par vache, un denier par chef de menu bétail, etc. Le tarif du commun de paix subit à différentes époques certaines modifications ; mais il fut perçu jusqu'en 1789.

Le cahier du tiers état de Rodez et de Milhau et celui de la noblesse de Rodez du mois de mars 1789 en réclamèrent expressément la suppression. « On demandera, en » faveur des habitants des campagnes, dit le cahier de la » noblesse, l'abolition du *commun de paix* établi par les » états particuliers du Rouergue pour fournir aux gardiens » de la sûreté publique, devenus sans but depuis l'éta- » blissement des maréchaussées (2). »

CORSAGE.

Redevance imposée sur les *hommes de corps* ou serfs. D'après Chabrol, cette redevance appelée parfois *ponte-nage*, était due principalement à l'occasion du mariage des filles ou lorsqu'un fils se faisait prêtre.

La servitude personnelle avait disparu depuis long-temps de l'Auvergne proprement dite, ainsi que le constate la coutume : *Toutes personnes étant ou demeurant audit pays* (d'Auvergne) *sont franches et de franche con-dition.* Mais elle s'était maintenue et a subsisté jusqu'en 1789 dans une petite contrée dépendant de l'Auvergne, la Combraille. « Au pays de Combrailles, dit encore la » *Coutume d'Auvergne* (chapitre XXVII, article 11), y a » plusieurs qui sont de serve condition de main-morte et » de suite, sur lesquels leurs seigneurs ont plusieurs

---

(1) Inventaire sommaire des *Archives départementales du Cantal,* antérieures à 1790, série E, n° 480-481. — Pour plus de détails sur le *commun de paix,* consulter : *Études historiques sur le Rouergue,* par le baron de Gaujal, Paris, Paul Dupont, 1858-1859, tomes I et II.

(2) *Archives parlementaires,* tome V, page 556.

» droits, tant par droit constitué, prescription que autre-
» ment, lesquels droits leur sont réservés... »

Le droit de corsage était un de ces droits.

Le serfs de la Combraille dépendaient de différents
seigneurs; mais la majeure partie était sous la domination
des chanoines réguliers d'Evaux, de la congrégation de
Saint-Augustin. « Les coutumes écrites de cette province,
» écrivait Fléchier en 1665, l'usage et la longue possession
» les autorisent. Mais il semble que la charité chrétienne
» et les règles de la douceur évangélique sont fort con-
» traires à cette servitude personnelle qui consiste à ne
» pouvoir point sortir du lieu de leur habitation sans la
» permission des seigneurs, à n'être pas libres dans la dis-
» position de leurs biens, les seigneurs étant leurs héri-
» tiers au préjudice de tous les parents collatéraux, et à
» mille autres redevances fort onéreuses (1). »

Il est bon de dire que la Combraille, limitrophe de la
Marche et du Bourbonnais, suivait en partie les us et coutumes de ces deux provinces où la servitude personnelle
était encore en vigueur. Dans certaines localités du Bourbonnais, les serfs payaient, sous le nom de *quatre deniers
de Chantelle*, un droit analogue au droit de corsage.

Le droit de corsage n'était pas de même nature et
n'avait pas la même quotité partout. A Biozat, près
Gannat, il était de 7 sols 6 deniers. A Clerevaux-en-Com-
brailles (Clairavaux, canton de La Courtine, Creuse), il
était plus compliqué : « A Clerevaux, dit Chabrol (2), il
» est dû au seigneur un droit de corsage ou de noces
» lorsque les habitants marient une fille, une sœur ou
» nièce ou même une cousine. Il est également dû si on
» entre dans les ordres sacrés. Ce droit consiste dans
» *deux jambes de cochon de derrière embrayarrées*,
» c'est-à-dire qui tiennent ensemble, *quatre quartes de*

(2) *Mémoires sur les Grands Jours d'Auvergne en 1665*, édition Chéruel,
page 106.

(3) Chabrol. *Coutumes d'Auvergne*, tome IV, page 170. — Tome III, page 484.

» *vin et quatre pains blancs*, pour lesquels on a accou-
» tumé de payer trois livres et il faut requérir le congé et
» la licence du seigneur. »

Voir infrà, aux mots MAINMORTE *et* NOCES.

CORVÉES.

I. — Les *corvées* sont les manœuvres et charrois dus
aux seigneurs par leurs vassaux et tenanciers. D'après
certains auteurs, elles ont été appelées ainsi *à curvando*
parce que le corvéable est obligé de se courber pour les
effectuer, comme, par exemple, en moissonnant, en fau-
chant, etc.; suivant d'autres, parce qu'à l'origine elles
étaient faites par les serfs ou hommes *de corps*. Enfin,
d'après Cujas, le mot de corvée viendrait de *corpée* ou
œuvre corporelle.

En Auvergne, il y avait des corvées *réelles* qui étaient
le prix de la concession d'héritages, et des corvées *personnelles*, dites corvées *à merci et volonté* dues aux seigneurs hauts justiciers (1), peut-être en échange de la
liberté depuis l'époque de l'abolition du servage.

En bien des lieux, c'était par des corvées que le seigneur faisait labourer ses terres, effectuer ses semailles,
ses moissons, ses fenaisons, ses vendanges, par des corvées
encore qu'il faisait mener son bois, son vin, réparer ses
châteaux, ses bâtiments, remettre en état ses chemins, etc.

II. — Les corvées *personnelles* qui, dans le principe,
étaient entièrement à *merci*, c'est-à-dire soumises à l'arbitraire le plus absolu du seigneur, avaient été limitées à
douze par année par la coutume d'Auvergne. En outre, la
coutume avait apporté au régime ancien plusieurs autres
notables adoucissements. Ainsi, les corvées ne pouvaient
être exigées que d'un soleil à l'autre; le seigneur ne pou-

(1) Il y avait cependant des seigneurs n'ayant pas la haute justice qui avaient droit
à des charrois, corvées et manœuvres, notamment à Mozun, à Montboissier, à Sugères, etc. (voir Chabrol, tome II, page 822).

vait en demander plus de trois par mois et encore devait-il les distribuer sur différentes semaines ; enfin, on ne devait les employer qu'à un usage honnête et permis. On n'aurait pu, par exemple, les faire contribuer à des œuvres défendues, comme de causer du dommage à quelqu'un, de travailler les jours de fête, etc. Et cependant, malgré ces adoucissements, malgré ces modérations, les corvées, par la sujétion dont elles étaient le témoignage, par le dérangement qu'elles apportaient à l'improviste à tous les projets, à toutes les occupations des habitants, n'en paraissaient pas moins une des plus dures des exigences seigneuriales.

On distinguait trois natures de corvées : 1° les charrois appelés aussi *boades*, *bohades*, *bouades*, *bouvades* ou *manœuvres à bœufs*, qui étaient dus par les possesseurs de bœufs ou vaches ; 2° les corvées plus spécialement désignées par le nom de *corvées*, dues par les propriétaires de bêtes de bât ; et 3° les *manœuvres*, qui étaient dues par les *brassiers*, c'est-à-dire par ceux qui n'avaient que leurs bras pour travailler. Les propriétaires de bœufs devaient, par année, douze charrois, les propriétaires de bêtes à bât, douze journées de leurs bêtes et les brassiers, douze journées d'homme ou manœuvres.

Le seigneur à qui il était dû des corvées *personnelles* était tenu de nourrir les corvéables, non-seulement en leur fournissant le pain, comme le dit la coutume, mais en leur donnant la nourriture à laquelle ils étaient habitués. Seulement, le corvéable à charrois, le *bohadier*, ne pouvait rien exiger pour la nourriture de ses bestiaux.

Les corvéables devaient être avertis un jour ou deux à l'avance. Si les corvéables n'étaient pas requis de faire les corvées, ils ne devaient rien en remplacement. Mais si, étant requis, ils n'effectuaient pas la corvée, ils en devaient l'estimation. Cette estimation a varié plus d'une fois, mais très souvent elle a été fixée à 15 sols par charroi de bœufs, 12 sols par charroi de vaches, 5 sols par manœuvre d'homme et 3 sols par manœuvre de femme. A moins de titre contraire, c'était le corvéable qui fournissait le véhicule et les instruments nécessaires pour accomplir la corvée.

Étaient exempts de toute corvée personnelle, les nobles et les ecclésiastiques, les malades, les vieillards de 70 ans, et les gens qui n'étaient pas gens *de métier ou de labeur*, comme les notaires, les bourgeois, les praticiens. Encore ces derniers n'étaient-ils pas tout à fait exempts ; ils pouvaient seulement se faire remplacer.

Il y avait aussi des exemptions provenant de titres et conventions. Ainsi, à Langeac, à moins de reconnaissances formelles, les habitants de la ville et du faubourg étaient exempts de toute corvée, ainsi qu'il résulte d'une délibération du 26 octobre 1766. A Moissat, près Billom, les habitants ne devaient à leur seigneur, aux termes de leurs privilèges de 1406, « aucun charriage, aucune hospi-
» talité, aucune manœuvre d'homme, de bœuf ou d'âne,
» ni exaction quelconque, par quelconque cause ou raison
» que ce soit. »

III. — Les corvées *réelles* ou stipulées par les baux à cens comprenaient également des *bohades* ou corvées de charriage dues à raison des animaux possédés par les censitaires et des *manœuvres* ou journées d'hommes. Certaines reconnaissances portaient que les bohades ou manœuvres à bœufs pourraient être remplacées par des manœuvres de n'importe quelle bête ou par des manœuvres à bras (1).

Quant aux *manœuvres* proprement dites, on distinguait des manœuvres simples applicables à des ouvrages quel-

---

(1) « ... Sous l'annuel et perpétuel cens... de 2 sols 6 deniers tournois, quatre
» coupes de froment, un quarton et quatre coupes d'avoine mesure de Montboissier,
» quatre poules et tiers, une demie manœuvre à bras et les deux tiers d'une manœuvre
» de telle bête qu'il aura, et à bras à défaut de bête. » (*Terrier de Domèze.* —
Domaize, canton de Saint-Dier, — renouvelé en février et mars 1781. — *Archives
départementales du Puy-de-Dôme*).

conquos et des manœuvres spéciales pour travaux déterminés d'avance, comme pour moissonner, pour faucher
(ad dalhandum (1), comme disent de vieux terriers), pour
fener, etc.

A la différence des corvéables à merci, qui étaient
nourris par le seigneur, les corvéables consitaires ou débiteurs de corvées réelles étaient tenus de se nourrir à leurs
frais. Autre différence. Les corvées réelles pouvaient être
exigées par le seigneur, quoiqu'il n'en eût pas besoin, et,
dans ce cas, elles étaient, comme les autres redevances
stipulées par le bail à cens, évaluées en argent (2).

Le plus souvent, cette évaluation, qui variait suivant les
lieux, était inscrite à l'avance dans les terriers et les
lièves. Ainsi, la liève de la seigneurie des Pradeaux, près
Issoire, pour l'année 1762, porte qu'en représentation des
bohades et manœuvres, les habitants doivent, savoir:
ceux tenant une paire de bœufs ou plus, 1 sol 6 deniers;
ceux tenant une vache ou plus, 9 deniers; et ceux
n'ayant ni bœuf ni vache, mais domiciliés en la seigneurie,
6 deniers (3).

Dans la Haute-Auvergne, on faisait une différence
entre les bohades d'hiver et les bohades d'été. Les
secondes étaient évaluées beaucoup plus haut que les premières.

IV. *Vinades.* — Parmi les *bohades* ou corvées à
bœufs, il en était une, usitée surtout dans les montagnes
occidentales de l'Auvergne, qui mérite une mention spéciale. C'était la *vinade* ou corvée pour aller chercher la
provision de vin du seigneur, soit dans les vignobles d'Auvergne, soit dans ceux du Bourbonnais.

La bohade à vin ou vinade était le plus souvent effectuée avec deux paires de bœufs et un char à quatre

(1) Dans le patois d'Auvergne actuel, on se sert encore du mot *daille* pour désigner une faulx.

(2) Chabrol, tome III, page 469.

(3) *Archives départementales. Fonds du district d'Issoire.* Domaines, liasse 33.

roues (1). Elle était naturellement de plus longue durée que la bohade ordinaire et durait quelquefois cinq ou six jours. Aussi quelques seigneurs ne l'exigeaient-ils que d'une année à l'autre.

Les vinades étaient toujours des corvées réelles. Et, à cause de cela, à moins de conventions contraires, le corvéable « devait prendre pour son compte toutes les dé- » penses nécessaires ; car la vinade, dit Chabrol, ne fait » que représenter une plus grande quantité de vin ou » d'argent qui aurait été stipulée dans le bail à cens, si » l'on n'était pas convenu de la vinade. »

Dans certaines seigneuries, cependant, le seigneur était astreint à fournir la nourriture des corvéables (2).

En tant que corvées réelles, les vinades tombaient en arrérages comme le cens dont elles faisaient partie, et elles étaient évaluées habituellement à raison de trois livres par jour.

Si le lieu, où le censitaire était obligé d'aller chercher le vin, était indiqué par le titre ou l'usage, il n'y avait qu'à se conformer à ce titre ou à cet usage. Sinon, le corvéable n'était obligé d'aller qu'au vignoble le plus pro- chain, et, dans le cas où ce vignoble aurait été dévasté par la gelée ou *la batture* (la grêle), il devait aller à un autre vignoble, de proche en proche (3).

(1) Quelquefois, cependant, la vinade s'effectuait avec une seule paire de bœufs et une voiture à deux roues. « ... Sous l'annuel et perpétuel cens réuni de 14 sols onze » deniers et maille, 25 quartons et demi de seigle, avoine autant, mesure de Mont- » boissier, la cessalité comprise, une poule, trois manœuvres à bras et une manœuvre » à bœufs, savoir : une année pour aller chercher le vin dudit seigneur ou autres » provisions en la Limagne d'Auvergne au deça (*sic*) la rivière d'Allier, avec une » paire de bœufs et un char à deux roues ; et une autre année, c'est-à-dire la sui- » vante, pour voiturer ce qu'il plaira audit seigneur pendant un jour seulement avec » le même attelage... » (*Terrier de Domaize. Archives départementales.*)

(2) Dans la terre de Neuféglise, appartenant à l'abbaye de Menat, les tenanciers devaient des charrois pour aller chercher le vin entre le Cher et la rivière d'Allier. Ces charrois se faisaient quelquefois avec trois paires de bœufs. Dans ce cas, le sei- gneur abbé devait fournir, outre le foin des bêtes, 27 pains de seigle d'une livre et emie et 9 miches de froment. (Bibliothèque de Clermont, *Manuscrits*, n° 696.)

(3) Chabrol, *Coutumes d'Auvergne*, tome III, page 471.

Les Grands-Jours d'Auvergne de 1666 avaient fait des réglements sur les bohades et les vinades. Mais ces réglements, mal combinés, mal appropriés aux usages et coutumes du pays, n'avaient guère pu recevoir d'exécution.

V. *Arban.* — Dans la partie de l'Auvergne appelée Combrailles et dans la province limitrophe de la Marche, les corvées, soit corvées de charrois, soit corvées à bras, étaient appelées *arbans.*

D'après la Coutume de la Marche (article 134), tout mortaillable, quelle que fût l'importance de son héritage, devait à son seigneur, par chaque semaine, le *ban* ou *arban,* c'est-à-dire une corvée à bras de son métier. L'arban fait avec deux bœufs était compté pour deux corvées; celui avec deux bœufs et une charrette, pour trois corvées, et celui avec quatre bœufs et charrette, pour quatre.

Suivant Chabrol, l'arban, considéré comme corvée personnelle dans la Marche, était une corvée réelle dans le pays de Combrailles, parce que c'était le prix de la concession des héritages.

Dans les Coutumes du Poitou et de l'Angoumois, l'arban est appelé *biain* ou *bian.*

COURRETAGE, COURTAGE.

C'est d'ordinaire un droit prélevé par les courtiers sur les marchandises et surtout sur le vin dont ils procurent la vente. Jadis, c'était un droit dû, soit lorsque la marchandise était vendue, soit lorsqu'elle entrait en ville pour être vendue. Ce droit, qui tenait du droit de leyde et des droits d'entrée et de hallage, était perçu tantôt au profit des seigneurs du lieu, tantôt au profit du corps commun des habitants.

A Orcet, les habitants payaient au seigneur, à titre de courtage, un droit de un denier par pot de vin vendu, mais seulement lorsqu'ils se servaient de ses pots et de ses mesures.

A Ambert, en 1651, M. de Gondras, seigneur de la

ville, qui avait joui pendant longtemps du droit de courtage, l'abandonna aux habitants en reconnaissant qu'il n'en était pas légitime propriétaire. Mais néanmoins il se fit donner un présent de 1,200 livres. Ce droit consistait en six sols sur chaque charge de vin entrant dans la ville à dos de cheval ou de mulet, ou un sol par pot sur celui entrant sur des charrettes, etc. Ce droit n'était dû primitivement que par les cabaretiers et débitants; mais les charges de la ville ayant augmenté, les officiers municipaux, par une délibération du 23 décembre 1759, assujettirent tous les habitants, bourgeois et autres, à payer le droit de courtage à raison de moitié droit (1).

A Monton, le droit de courtage était de un sol par chaque poinçon de vin de dix pots et un sol par chaque charge de cheval.

Les droits de courtage formaient la part la plus importante des revenus patrimoniaux de beaucoup de villes, bourgs et villages : Clermont, Maringues, Ambert, Issoire, Saint-Amant, Saint-Flour, Murat, Mauriac, Allanche, etc. On peut même dire d'une façon générale qu'ils étaient en usage dans toutes les localités situées en pays vignobles.

Un homme distingué que l'Auvergne a eu la bonne fortune de garder plusieurs années à la tête de son administration, l'Intendant de Ballainvilliers, se montra formellement hostile à tous les droits féodaux et autres qui pouvaient gêner le commerce et entraver la circulation et la vente des denrées. Le droit de courtage, notamment, fut combattu par lui de la façon la plus énergique : « Le » droit de courtage, dit-il dans un mémoire adressé « au Contrôleur général (2), consiste dans une certaine » somme qu'on est obligé de payer lorsqu'on vend son

---

(1) *Archives départementales.* Fonds de l'Intendance, série C, liasse 1865.

(2) *État de l'Auvergne en 1765*, présenté à M. de Laverdy, contrôleur général des finances, par M. de Ballainvilliers, intendant d'Auvergne. (*Tablettes historiques de l'Auvergne*, année 1845.)

» vin. Ce droit, quoique peu considérable, donne lieu à
» un surhaussement de la denrée et est une gêne tant
» pour le vendeur que pour l'acheteur, qui cherchent l'un
» et l'autre à s'en exempter. Il est de la bonne adminis-
» tration de faciliter, autant qu'il est possible, le trans-
» port et les premières ventes des denrées, et ce n'est
» qu'au temps de la consommation qu'on doit établir des
» droits, parce qu'ils retombent alors sur le consomma-
» teur seul..... »

La Cour des Aides de Clermont finit par se ranger à
l'opinion de M. de Ballainvilliers. Au cours de la dernière
année de son existence, le 13 mai 1789, elle rendit un
arrêt faisant défense de percevoir aucun droit de courtage
dans aucuns lieux de la province d'Auvergne et autres
de son ressort (1).

DIME SEIGNEURIALE.

Nom sous lequel on désignait quelquefois le *champart.*

ÉPAVE (DROIT D').

Les *épaves* sont les bestiaux et autres objets perdus
dont le propriétaire est inconnu. Ces objets, n'étant censés
appartenir à personne, appartenaient au seigneur haut
justicier.

La Coutume d'Auvergne ne comprend sous le nom
d'*épaves* que les bestiaux et les essaims de mouches à
miel ou *bornions à miel;* mais, comme le fait remarquer
Chabrol, *toutes les choses mobilières qu'on trouve sans
que le propriétaire soit connu* sont aussi des épaves. L'espèce d'épave la plus commune consiste dans les bois et
les chanvres que les rivières et les torrents entraînent
dans les temps d'orage.

Le seigneur, d'après la Coutume, ne pouvait s'attribuer
les épaves, ou au moins les objets perdus, qu'après cer-

(1) *Archives départementales.* Fonds de l'Intendance, série C, n° 2192.

tains délais et certaines formalités. Les menus bestiaux, tels que moutons, chèvres, cochons, devaient être gardés pendant trois jours, et les gros, bœufs, vaches, chevaux, pendant huit jours entiers, avant qu'on pût en disposer.

La Coutume du Nivernais accordait un plus long délai : quinze jours pour les menus bestiaux, et trente jours pour les autres.

Passés ces délais, les bêtes étaient vendues aux enchères. Mais le prix n'en était versé entre les mains du seigneur qu'après quatre proclamations à des audiences différentes. Toutes ces formalités avaient pour but d'arriver à faire plus facilement découvrir le propriétaire des bestiaux égarés.

Quant aux essaims, celui qui les trouvait devait en faire la déclaration dans les huit jours sous peine d'amende. Il avait droit à la moitié et le seigneur à l'autre moitié.

Comme bien d'autres droits supprimés, le droit d'épave fut revendiqué par les seigneurs, même après les décrets du 4 août 1789, même après l'abolition du régime féodal et des justices seigneuriales. Dans les premiers jours du mois de novembre 1790, à la suite de pluies torrentielles, la rivière d'Allier et ses affluents débordèrent, entraînant tout ce qu'ils rencontraient : mobilier de toute nature, arbres, bois de construction, bois de chauffage, fûts pleins et vides, etc., et l'emportèrent sur les rivages en aval. Les propriétaires des terrains sur lesquels ces objets avaient été déposés par les eaux crurent pouvoir se les attribuer. Mais les ci-devant seigneurs haut justiciers, regardant comme épave tout ce que l'inondation avait apporté sur le territoire de leurs justices, s'opposèrent aux prétentions des possesseurs du sol et réclamèrent pour eux-mêmes la propriété des objets entraînés. L'affaire fut portée devant le Conseil général du département du Puy-de-Dôme, qui, pour ne pas retarder le déblaiement des terrains précieux pour la culture, s'empressa de se prononcer. Le 16 novembre 1790, *considérant que les justices seigneuriales sont abolies, que les ci-devant seigneurs ne peuvent avoir droit aux épaves trouvées dans l'étendue de leurs justices, et que les épaves appartiennent à la nation,* il prit un arrêté ordonnant que les municipalités feraient retirer sans délai les épaves pouvant se trouver sur leur territoire, sans les dénaturer, et qu'après les avoir gardées pendant un mois pour permettre aux propriétaires de les réclamer, elles les vendraient aux enchères et en verserait le prix dans la caisse de leur district.

FOUR BANAL, FOURNAGE.

Voir : BANALITÉS.

GASTINE.

A Vodable, l'ancienne capitale du Dauphiné d'Auvergne, les pâturaux étaient morcelés en tènements désignés sous le nom de *gastines,* parce que la surveillance de chacun d'eux était confiée à un garde spécial appelé *gastier.*

D'après certaines reconnaissances faites par les redevables de la châtellenie de Vodable, chaque habitant devait payer chaque année un droit de dix sols pour la *gastine,* autrement dit pour contribuer au salaire du *gastier* (1).

Ce droit a de l'analogie avec le droit de *bandie,* en usage à Châteaugay. (*Voir :* BANDIE.)

GEOLAGE.

Sous le nom de droit de *gîte* et de *geôlage,* il se percevait, en bien des localités, un droit sur les prévenus, accusés ou délinquants enfermés dans les prisons dépendant de la justice. Une partie de ce droit était laissée aux concierges ou *geôliers* pour leurs gages, et l'autre partie était encaissée par le seigneur justicier.

A Saint-Gervais-d'Auvergne, le seigneur percevait la moitié du droit de geôlage exigé des faux sauniers détenus dans la prison (2).

(1) *Coutumes du haut et bas pays d'Auvergne,* publiées par Artaud, 1770.

(2) *Archives départementales du Puy-de-Dôme.* Fonds de l'Intendance. Affaires particulières.

GUET

Le droit de *guet et garde* est une redevance représen-
tative de l'obligation de veiller sur le château du seigneur
et de le défendre en cas de besoin.

« Ce droit, dit Chabrol, a pris naissance dans ces temps
» malheureux où nul n'était en sûreté chez soi. Tel qui
» s'était couché libre, se trouvait esclave à son réveil ; ses
» effets étaient pillés, sa femme et ses filles violées ; la force
» et la violence décidaient. Les seigneurs les plus puissants
» se fortifièrent dans leurs châteaux ; leurs sujets et em-
» phytéotes s'y retiraient avec leurs effets quand ils étaient
« menacés de quelque invasion. Pour acquérir ce droit,
» ils s'assujettissaient à garder le château et à entretenir
» les fortifications. Les voisins s'y soumettaient aussi lors-
» qu'il n'y avait point de château-fort dans le lieu où ils
» habitaient...... (1). »

Par une ordonnance en date de 1479, le roi Louis XI
convertit le droit de guet en une redevance fixe en argent,
de cinq sols par an et par maison. C'est le taux généralement adopté et suivi en Auvergne jusqu'à la Révolution.
Cependant, il y a des terres où l'on ne payait que trois sols,
notamment dans les terres de Neussargues, de Mardogne
et dans celles de Montvallat dont il est question dans un
arrêt des Grands-Jours de Clermont du 27 octobre 1665.

A Saint-Gervais-d'Auvergne, le taux du droit de guet
était de trois sols six deniers.

HALLAGE, BANC, BRENAGE, ÉTAL, PLASSAGE, ETC.

Sous ces différents noms étaient perçus, soit au profit
des seigneurs, soit au profit des habitants d'une localité,
des droits sur les marchands, à raison de l'entrée, de
l'étalage et du dépôt de leurs grains et denrées, comestibles, combustibles et autres, sur la place et le marché ou

(1) Chabrol, tome III, page 449.

sous la halle, et aussi à raison du magasinage des marchandises non vendues, dans l'intervalle d'un marché à
un autre.

En quelques contrées, ces droits dérivaient de conventions libres et réciproques. Ailleurs, ils avaient été imposés par la force et n'étaient qu'une suite de la servitude
personnelle.

Les noms variaient suivant les lieux. Ainsi, le nom de
droit de hallage était employé à Lezoux; celui de *droit
de banc*, à Riom-ès-Montagnes; ceux d'*étal* et de *brenage*,
à Brioude.

INVESTISON.

Voir : MAILLE.

JUSTICE (DROITS DE).

On appelait ainsi anciennement, non-seulement le droit
qu'avait le seigneur de rendre la justice par lui-même ou
par ses baillis, juges et prévôts, mais aussi les profits que
procurait l'exercice de ce droit, tels que les amendes, les
confiscations, les frais de procédure, les exploits et émoluments de cour et les autres droits lucratifs résultant de la
souveraineté, comme le droit de sceau, les droits de greffe,
le droit d'aubaine, le droit de bâtardise, le droit de déshérence, le droit sur les épaves et biens vacants, le droit
de police (voirie, gruerie, etc.), auxquels on joignait, dans
quelques provinces, les banalités, les droits de péage et de
leyde, etc.

Au XVIIIe siècle, les droits de justice proprement dits,
c'est-à-dire les produits dérivant de l'exercice effectif de la
justice, n'enrichissaient guère le fisc seigneurial, diminués
qu'ils étaient de tous les droits dont l'autorité royale s'était
peu à peu attribué le monopole exclusif. Il restait sans doute
au seigneur justicier certains profits particuliers, mais ces
profits étaient de minime importance; c'étaient les *clames*
et autres amendes; c'étaient les droits de *geôlage*; c'étaient
les droits de *moisson* destinés à parfaire les gages des

officiers de justice; c'étaient les *épaves* (1); c'étaient les greffes qu'il affermait et dont il percevait les revenus avec ceux de sa directe; c'étaient certains émoluments de cour, comme on disait, et certains droits d'audience, comme ce droit de cinq deniers, dont parle Chabrol (2), et qui était dû au seigneur, dans le pays de Carladès, en Haute-Auvergne, pour chaque cause appelée à l'audience du juge, etc.

LEYDE, LEUDE, LOUADE.

I. — C'était une contribution qui se levait sur toutes les denrées et marchandises amenées aux foires et marchés. Au xv⁰ siècle, cette contribution était désignée à Clermont sous le nom de *terrage* (3).

Les droits de *leyde* avaient été probablement institués, au début, pour servir d'indemnité aux seigneurs à cause des frais qu'ils avaient dû faire pour la construction des halles et marchés. Mais bien souvent aussi leur origine était moins pure et remontait tout simplement à un abus d'autorité, à l'exercice du droit du plus fort.

Comme tous les droits seigneuriaux, la leyde n'était soumise à aucune réglementation générale et uniforme, pas plus en Auvergne que dans les autres provinces. Sa quotité, son mode d'assiette, la forme de sa perception variaient de justice à justice, de localité à localité. Elle se prélevait soit au profit du corps commun des habitants du lieu, soit le plus souvent au profit des seigneurs laïques ou ecclésiastiques (4).

(1) Voir les mots : CLAME, GEOLAGE, MOISSON, ÉPAVES.
(2) Chabrol, tome III, page 396.
(3) *Mémoires de l'Académie des sciences, belles-lettres et arts de Clermont*, tome XXV (1883), page 378.
(4) Voici les noms de quelques-uns des principaux seigneurs qui possédaient des *leydes* en Auvergne à la fin de l'ancien régime : A *Ardes*, le Roi ; à *Montaigut-en-Combraille*, le duc d'Orléans; à *Billom*, l'évêque de Clermont avec MM. de la Brosse et des Grimardys; à *Brion*, siège d'importantes foires, le marquis de Laizer; à *Lezoux*, M. de Chazerat; à *Maringues*, à *Vic-le-Comte*, à *Olliergues*, le duc de Bouillon ; à *Ambert*, à *Arlanc*, le comte de Merle; à *Thiers*, la comtesse de Béthune ; à *Châ-*

En Auvergne, la leyde n'était habituellement réclamée qu'aux marchands forains, c'est-à-dire étrangers à la paroisse. En certains endroits cependant, les habitants eux-mêmes y étaient assujettis, mais à un taux moins élevé.

II. — Dans quelques localités, les droits de leyde se confondaient avec d'autres droits, quelquefois avec les droits de péage et de hallage, et d'autres fois, comme à Lezoux, à Ardes, etc., avec les droits de mesurage. Ailleurs, on distinguait deux sortes de leydes : la *grande leyde*, établie sur les comestibles et les denrées de première nécessité, comme les grains, le chanvre, la laine, le sel, la viande, les bestiaux, etc.; et la *petite* ou *menue leyde*, qui frappait les objets de moindre importance, tels que les étoffes, les chaussures, les coiffures, les fruits, les légumes, les fromages, les ustensiles de ménage, les outils de toute sorte, les paniers, la poterie, les bacholles, les échalas, les ferrures, le bois à brûler, etc.

III. — Les droits de leyde prenaient, en certaines localités, des noms spéciaux, selon qu'ils s'appliquaient à telle ou telle marchandise. Ainsi, à Langeac, sous le nom de *potage*, le seigneur percevait, sur chaque charge de vin de huit pots entrant dans la ville ou en sortant, un droit qui n'était autre qu'un droit de leyde (1). Ainsi encore il se percevait, dans quelques seigneuries, sur les marchands de sel, un droit de leyde appelé *manade* et quelquefois *manée*. A Saint-Gervais-d'Auvergne, d'après un dénombrement du milieu du XVIII° siècle, « le seigneur a un » droit de prendre une *manade* de chaque balle de sel

tenugay, le marquis de Laqueuille ; à *Herment*, le comte de Bosredon ; à *Viverols*, le vicomte de Braune ; à *Combronde*, M. de Capponi ; à *Courpière*, les Bénédictines de la ville ; aux *Ancises*, les Chartreux du Port-Sainte-Marie ; à *Saint-Germain-Lembron*, les chanoines, comtes de Brioude, etc., etc.

Avant la suppression de la leyde à Clermont et à Riom, en 1771, ce droit était perçu : à *Clermont*, par M. André de Gironde, comte de Buron, grand échanson de France ; et à *Riom*, par les Bénédictins de Mozac et le duc de Bouillon.

(1) Le même nom de *potage* était donné au droit perçu par le même seigneur sur chaque personne vendant et débitant du vin à Langeac et dans les faubourgs de cette ville. Ce droit était de 1 pot de vin de 16 pintes payable une fois par an.

» qui entre au dépôt. Ce droit a été depuis longues années
» sous-affermé aux regrattiers dudit dépôt à 40 livres par
» an, quoiqu'il soit d'une plus grande valeur (1) ». Le
droit de manade était usité, non-seulement en Auvergne,
mais aussi dans la Basse-Marche, et figure parmi les droits
dont le tiers état de cette sénéchaussée demanda en 1789
la suppression.

IV. — Il était rare que les propriétaires de leydes fissent
eux-mêmes ou par des agents directs la perception des
droits qui leur étaient dus. Habituellement, ces droits,
comme aujourd'hui encore les droits de place dans les
villes, étaient affermés à des particuliers qui se spéciali-
saient dans ce métier. Ces fermiers étaient généralement
détestés et non sans raison. Ils ne songeaient en effet qu'à
éluder les réserves, qu'à étendre injustement les droits,
qu'à empiéter sur les privilèges des habitants, et à rançon-
ner les marchands, surtout les marchands forains, en exi-
geant d'eux des sommes supérieures au tarif. Et ceux-ci,
plutôt que d'entreprendre un procès, aimaient mieux se
laisser exploiter et payer les quelques sols de supplément
arbitraire qu'on leur réclamait. Les plaintes, d'ailleurs,
quand il s'en produisait, étant portées devant le juge du
seigneur, n'avaient pas grande chance d'aboutir (2).

Il arrivait parfois que les seigneurs prenaient pour fermiers ou cessionnaires de leurs droits l'ensemble des habi-

---

(1) *Archives départementales du Puy-de-Dôme*. Fonds de l'Intendance. Affaires
particulières. — *Mande* ou *Manade* est une expression synonyme, soit du mot *poignée*, soit du mot *jointée*, qui indiquent : l'un, ce qui tient dans une main à demi
fermée ; l'autre, ce qui peut tenir dans les deux mains rapprochées.

D'après la charte d'Ambert, les vendeurs de sel de cette ville devaient au seigneur,
chaque semaine, une *menade* de sel. (Abbé Grivel, *Chroniques du Livradois.*)

(2) « ..... Il serait digne de la sagesse du gouvernement de proscrire tout ce qui
» peut arrêter la libre circulation des grains.... Que d'abus à craindre dans la per-
» ception de la leyde ! Les seigneurs sont presque tous en possession de ce droit. Ils
» cherchent à l'étendre, et les fermiers qui veulent gagner ne manquent pas de l'excé-
» der. A qui l'opprimé portera-t-il ses plaintes? Au juge de police? Mais c'est l'homme
» du seigneur, et la justice qu'il rendrait serait la cause de sa destitution. » (Lettre de
M. Gueyffier, subdélégué de Brioude, du 2 janvier 1774. — *Archives départementales du Puy-de-Dôme.* Fonds de l'Intendance, série C, liasse 2056.)

tants de la seigneurie. Ainsi, à Besse, M. de Broglie avait
délaissé son droit de leyde aux habitants de la ville,
moyennant une rente annuelle de 1,271 livres. D'autres
fois, pour éviter le paiement de droits de leyde à chaque
marché, à chaque foire, les habitants s'étaient rachetés
moyennant un abonnement annuel. Ainsi, à Saint-Amant-
Roche-Savine, les étrangers seuls payaient la leyde aux
foires, les habitants s'étant rédimés envers le seigneur
« au moyen d'une quête que les fermiers font tous les
» ans dans l'étendue de la justice, et dans laquelle ils
» obligent chaque habitant ayant feu de leur payer un
» fromage et un sol en argent. »

V. — Le taux de la leyde variait énormément. Pour ne
citer que quelques exemples, il était, pour les grains : à
Maringues, de la 21ᵉ partie; à *Thiers*, de la 24ᵉ; à *Combronde*, de la 30ᵉ; à *Herment*, de la 31ᵉ; à *Billom*, à *Lezoux*, à *Allanche*, de la 32ᵉ; à *Montaigut-en-Combraille*,
de la 44ᵉ, etc. À *Langeac*, c'était la 96ᵉ partie qui avait
été longtemps perçue; mais, comme les mesureurs prenaient un autre 96ᵉ, le blé payait en réalité un 48ᵉ. Plus
tard, le droit en nature avait été converti en un droit en
argent de six deniers par carton.

Pour les bestiaux, mêmes différences. À *Combronde*,
on percevait un sol par chaque bœuf ou vache, et 3 deniers
par cochon ou mouton; à *Billom*, 3 deniers par chaque
bœuf, vache, mouton ou cheval; à *Chapdes-Beaufort*,
6 deniers par bête à cornes, et 3 deniers par bête à laine;
à *Langeac*, un sol par chaque bête à cornes ou bête de
somme, etc.

Une autre différence de taux se remarquait parfois dans
le même marché et pour la même marchandise, suivant
que la leyde se percevait à une époque ou à une autre.
Ainsi, à Saint-Anthème, le droit qui était d'une demi-livre
par carton de seigle les jours ordinaires de marché, était
porté à une livre les jours de foire. De même à Langeac,
les bœufs ou vaches payaient deux liards les jours de mar-

ché et un sol les jours de foire. A Montaigut-en-Combraille, la leyde sur les bêtes à cornes et les cochons était de un sol pendant le carnaval, et de deux liards seulement le reste de l'année.

Même variété dans le mode de paiement et la forme de la perception. Tantôt la leyde était perçue en nature, tantôt en espèces, suivant la quantité ou suivant le poids. Ainsi, à Cunlhat, on payait, par septier de grains, deux sols; à Saint-Germain-Lembron, trois deniers par livre de grains. Dans quelques seigneuries, le droit se payait à l'entrée des marchandises en ville; dans d'autres, à l'entrée sur le marché ou dans la halle.

VI. — Dès le milieu du XVIIIe siècle, soit qu'il subît l'influence des économistes et physiocrates, soit qu'il fût impressionné par les disettes répétées dont la France était affligée, le gouvernement avait porté son attention sur les entraves de toute nature que rencontraient le commerce et la circulation des blés. A plusieurs reprises, des décisions royales étaient intervenues pour supprimer ou diminuer tout au moins ces entraves et ces empêchements. Le Parlement, de son côté, se montrait, depuis plusieurs années, nettement hostile aux taxes de toute nature qui faisaient enchérir le prix des grains (1).

Fortement attaqué dans la capitale, le droit de leyde fut en province également battu en brèche. En Auvergne, il eut pour ennemi déclaré un homme dont on n'a pas jusqu'ici assez fait ressortir la générosité, l'esprit judicieux, le caractère équitable et les tendances réformatrices, l'intendant de Ballainvilliers. Dans son mémoire sur l'*État de l'Auvergne en 1765*, aussi bien que dans sa correspondance, cet administrateur remarquable se montra l'adversaire décidé de tous les droits qui gênaient le commerce et portaient atteinte à la liberté des citoyens; et, s'il n'en

_____

(1) « .... Le Parlement lui fait la guerre (au droit de leyde) depuis dix ans, sans » manquer une seule occasion de le saper ou de le réduire autant que possible. » (Consultation de 1739, citée dans Jacqueton, *Études sur la ville de Thiers*, p. 402.)

provoqua pas la suppression totale immédiate, c'est que
la chose n'était pas immédiatement possible, ces droits
constituant une propriété à laquelle on ne pouvait toucher
qu'après avoir indemnisé les détenteurs.

« Il est sensible, disait-il à propos de la leyde, il est
» sensible que ce droit, quelque médiocre qu'il soit, con-
» tribue à la cherté du grain et que l'habitant de la cam-
» pagne cherche plutôt à porter son blé dans un marché
» où ce droit est inconnu. Il est par conséquent évident
» que la suppression de ce droit serait avantageuse... Il
» faut observer, ajoutait-il, que ce droit de leyde est de
» la même nature que celui de four banal, c'est-à-dire
» seigneurial. Il est difficile de le supprimer lorsque les
» seigneurs en ont conservé la jouissance. Mais lorsque
» les communes en sont en possession, il est de l'avantage
» public d'en affranchir les habitants (1). »

M. de Ballainvilliers ne put faire l'expérience pratique
de ses théories. La mort, qui le frappa en 1767, ne lui en
laissa pas le temps. Il était réservé à son successeur,
M. de Montyon, d'aider à porter le premier coup aux
taxes qui restreignaient si fort en Auvergne la liberté
du commerce des grains. Par trois arrêts du Conseil, le
droit de leyde fut successivement supprimé dans plusieurs
des principales villes de la province : à Clermont, le 21 avril
1771 ; à Riom, le 29 juin, et à Brioude, le 13 juillet de la
même année (2).

La croisade pour la délivrance du commerce des grains
entra dans une période de ferveur plus grande à l'arrivée
de Turgot au contrôle général des finances. Sans parler
de la révocation des règlements restrictifs et antilibéraux

(1) *Etat de l'Auvergne en* 1765, Mémoire présenté au Contrôleur général des
finances par M. de Ballainvilliers, intendant d'Auvergne. (*Tablettes historiques de
l'Auvergne*, tome VII, 1843.)

(2) A Brioude, la suppression de la leyde, d'abord acceptée par les chanoines du
chapitre de Saint-Julien, fut ensuite combattue par eux. Ils firent opposition à l'arrêt
du Conseil, de telle sorte que la question resta en suspens pendant près de sept ans.
Ce fut seulement le 23 mars 1778 qu'un nouvel arrêt du Conseil vint ordonner défini-

renouvelés par l'abbé Terray, ce grand ministre prit d'autres mesures visant plus spécialement les surcharges dont les grains étaient l'objet sur les halles et les marchés.

Le 3 juin 1775, un arrêt du Conseil suspendit la perception de tous les droits perçus par les villes sur les grains, farines et pain, tant à l'entrée que sur les halles et marchés. — Le 20 juillet, nouvel arrêt ordonnant que tous les droits du seigneur sur les grains, dont la perception n'a pas été suspendue par des arrêts particuliers, continueront à être perçus. — Le 13 août, autre arrêt du Conseil qui ordonne que, dans six mois, tous seigneurs ou propriétaires de droits sur les grains seront tenus de représenter leurs titres de propriété, et nomme pour commissaires à l'effet d'examiner ces titres : MM. Bouvard de Fourqueux, Dufour de Villeneuve, *conseillers d'Etat ;* Baudouin de Guémadeuc, Chardon, Raymond de Saint-Sauveur, Guerrier de Bezance, de Bonnaire de Forges et de Trimond, *maîtres des requêtes ordinaires.* — Le 8 février 1776, arrêt du Conseil d'Etat qui, en prorogeant d'un an le délai porté par l'arrêt du 13 août pour la représentation des titres des droits sur les grains dans les marchés, ordonne une semblable représentation à l'égard de ceux desdits droits qui se perçoivent hors des halles et marchés. — Enfin, le 10 mai 1776, autre arrêt qui ordonne que la vérification des droits qui se perçoivent sur les grains s'appliquera, non-seulement à la propriété, mais aux usages qui règlent la forme de perception desdits droits en chaque lieu, sui-

tivement l'exécution de celui du 13 juillet 1771. (*Archives départementales.* Fonds de l'Intendance, série C, nᵒ 2056.)

Thiers et Ambert firent, la même année (1779), des démarches pour obtenir pareille faveur. Mais ces démarches, contrecarrées par la comtesse de Béthune à Thiers, et le comte de Merle à Ambert, ne semblent pas avoir eu de succès. (Jacqueton, *Etudes sur la ville de Thiers. — Archives départementales.* Intendance, série C, nᵒ 1869.)

A Ambert, les habitants offraient de payer le tiers de la somme allouée au propriétaire à titre de remboursement, les deux autres tiers devant être rejetés sur les autres collectes de l'Election. Ils affirmaient que la crainte du droit de leyde écartait les grains de leur marché, où toute la région s'approvisionnait ; d'où il résultait, suivant eux, de fréquentes disettes qui faisaient fuir les ouvriers des papeteries.

vant la déclaration qui en sera fournie par les propriétaires (1).

A n'en pas douter, l'enquête ainsi ordonnée et organisée par Turgot aurait abouti certainement à la suppression totale des droits de leyde, hallage, mesurage et autres, dont le commerce des grains avait tant à souffrir; mais il fallait que le ministère durât. Or, le 12 mai 1776, c'est-à-dire deux jours après le dernier arrêt du Conseil mentionné plus haut, des intrigues de cour obligèrent Turgot à se retirer sans avoir achevé les réformes qu'il projetait.

La leyde se maintint donc et se perpétua jusqu'en 1789, fort mal vue toutefois de tout le monde et particulièrement de plusieurs des ministres, de Necker notamment, qui, en plusieurs circonstances, chercha, lui aussi, à la restreindre.

LODS ET VENTES.

I. — Les *lods et ventes*, désignés aussi par les noms de *droits casuels*, de *casualités*, étaient des droits dus au seigneur, en cas de vente ou de mutation par contrat assimilé à la vente, d'un héritage compris dans sa censive. Leur nom venait, d'après certains jurisconsultes, du latin *laudare*, louer, approuver, parce qu'en effet ils étaient le prix de l'approbation donnée par le seigneur au changement de propriétaire.

Les actes d'échanges ne donnaient pas ouverture à des droits de lods au profit du seigneur; mais, en revanche, ils devaient au roi des *droits d'échange*, en vertu de plusieurs édits et déclarations.

La quotité du droit de lods et ventes était excessivement variable, non-seulement suivant les provinces et les coutumes, mais dans la même province, dans la même région. En Auvergne particulièrement, les usages étaient fort dissemblables. Le taux courant, dans la Limagne

(1) *Archives départementales du Puy-de-Dôme.* Intendance, série C, n⁰ˢ 68 et 69.

8

surtout, était le tiers du prix de vente. Les autres Coutumes de France ne mentionnent pas de chiffre plus élevé. Il était cependant dépassé en Auvergne. Dans les montagnes, à l'ouest de la Limagne, à Orcival, à Tortebesse, au Montel-de-Gelat, dans le pays de Combraille et dans quelques contrées des environs de Besse, les terriers spécifiaient, pour les lods et ventes, le *tiers denier en ascendant*, ce qui, d'après la jurisprudence coutumière, signifiait : la moitié du prix (1).

A Usson, à Nonette, à Issoire, à Creste, à Mauzun, à Brioude, à Châteauneuf-de-Drac et dans la plus grande partie de la Haute-Auvergne, le taux était du sixième, comme en Bourbonnais. Dans le duché de Mercœur et le comté d'Aubijoux, il était du huitième ; à Vollore, près Thiers, du douzième ; à Buxerolles, à Villeneuve-l'Abbé et autres seigneuries des environs de Maringues appartenant au duc de Bouillon, du vingtième. A Riom, les droits de lods dus au roi n'étaient également qu'au vingtième ; tandis que ceux des fiefs particuliers englobés dans la justice étaient du tiers. A Clermont, sauf quelques terroirs où les droits étaient dus à la moitié, le taux habituel était du tiers (2).

(1) C' ..... tome II, page 554. — « Reconnaissance... an cens annuel, perpétuel, » solidaire et conforme de quinze sols argent, en tous droits de directe seigneurie, tiers » denier de lods et ventes en ascendant.... » (*Terrier du Chapitre collégial d'Orcival*, commencé en 1781 et fini en 1787. — *Archives départementales du Puy-de-Dôme.*)

« La principale difficulté, dit Chabrol, a été de savoir si, lorsque les anciens terriers » règlent les droits de lods au tiers denier, cela doit s'entendre du prix en dedans ou » en dehors. Il y a deux manières de compter : ou en donnant au seigneur le tiers du » prix à prendre sur le prix même, ce qui fait 6 sous 8 deniers pour livre, ou en ajou- » tant le tiers au prix de la vente, ce qui fait 10 sous.... Si on consulte l'usage le » plus ancien, il paraît que la coutume devait s'entendre suivant cette dernière lec- » tion. » (Chabrol, tome II, page 556.)

Dans le Nivernais et le Bourbonnais, on comptait comme en Auvergne : « Lorsqu'un » héritage est vendu, dit la *Coutume du Bourbonnais*, le seigneur prend pour son » droit de lods le tiers denier en montant qui est la moitié de la chose totale de » l'achat. »

(2) Chabrol, *Coutumes générales et locales de la province d'Auvergne*, tome II, page 554.

Il est vrai de dire que, dans la pratique, ces différents taux étaient souvent diminués. C'est ce qu'on doit inférer d'un passage du cahier des habitants de Lezoux, de mars 1789, où il est dit que « la plupart des seigneurs ne per- » çoivent les droits de lods, suivant la rigueur de la loi, » qu'en vente judiciaire et forcée. »

II. — En Auvergne, le droit de lods était généralement payé par l'acheteur. Il y avait cependant des excep- tions (1). Ainsi, dans la ville et baronnie d'Herment, c'était le vendeur qui était chargé du paiement. A Belle- garde, dans le petit pays de Franc-Aleu, touchant la Combraille et dépendant comme elle de l'Auvergne, les mutations de propriétés n'étaient assujetties à aucun droit de lods et ventes.

Les mutations de fiefs et terres nobles étaient, à peu d'exceptions près, exemptes des droits de lods.

Étaient aussi exemptes de lods les acquisitions faites par ce qu'on appelait les *gens de main morte*, c'est-à-dire tous les gens d'église, ecclésiastiques, couvents, commu- nautés, fabriques, confréries, colléges, etc.

III. — Suivant la Coutume d'Auvergne, lorsque des gens de mainmorte acquéraient des biens dans une censive ou une justice, le seigneur pouvait les contraindre à vider leurs mains de la propriété de ces biens; et s'ils n'obéis- saient pas dans l'an et jour à la sommation qui leur était faite, le seigneur avait le droit de se mettre en possession et de jouir des fruits jusqu'à ce que les biens eussent été vendus à une personne capable. Cette disposition avait été prise pour sauvegarder les droits des seigneurs. L'acquisi- tion, par des personnes n'ayant pas le droit d'aliéner et ne mourant pas, d'héritages situés dans sa mouvance, aurait fait perdre au seigneur la possibilité de toucher dans l'avenir des droits de lods et ventes, et d'exercer le retrait

_____

(1) Les exceptions étaient assez nombreuses au moyen-âge. Ainsi, les chartes de Besse, de Vollore, de Maringues mettaient le droit de lods à la charge du vendeur. (Rivière, *Histoire des Institutions de l'Auvergne*, tome I, page 432.)

censuel et le droit de surjet. De plus, les héritages ne pouvant plus courir le risque de tomber en confiscation pour crime, ni en déshérence faute d'héritiers, etc., le seigneur aurait encore été privé d'une source de profits.

Plus tard, le principe ayant prévalu que le roi pouvait accorder aux gens de mainmorte des *lettres d'amortissement*, c'est-à-dire des autorisations de posséder des immeubles, la faculté réservée aux seigneurs par la coutume se trouva anéantie par le fait de ces lettres. Ils conservèrent toutefois *un droit d'indemnité* pour compenser la perte des droits casuels dont ils étaient privés.

Il n'y avait pas de règles générales pour la fixation de cette indemnité. Dans beaucoup de provinces on l'évaluait a cinquième du prix d'acquisition. En Auvergne, elle fut habituellement portée au tiers pour le seigneur censier et au dixième pour le seigneur justicier.

Quelquefois les acquéreurs de mainmorte traitaient avec le seigneur, et, pour lui tenir lieu de son droit d'indemnité, s'engageaient à lui payer soit une rente annuelle, soit un droit de lods de trente années en trente années (1).

IV. — Dans quelques provinces il était dû au seigneur, à la mort de chaque consitaire ou emphytéote, un droit appelé d'*arrière-capte* ou *mi-lods*, qui consistait ordinairement dans le doublement du cens. Au dire de Chabrol, ces droits étaient inconnus, ou à peu près, en Auvergne.

Toutefois, il se percevait à Usson, à Nonette, dans la commanderie de Culhat et dans quelques autres terres, un droit qui n'était pas sans quelque analogie avec une sorte de droit de *mi-lods* usité dans le Forez. Ce droit frappait différents contrats qui, ailleurs, ne donnaient pas ouverture aux lods et ventes, tels que le bail à rente non rachetable, l'échange, la donation, etc. A Usson et à Nonette, il consistait dans le double cens l'année de la

(1) Chabrol, *Coutumes*, etc., tome III, page 110.

mutation, et à Culhat en une quotité déterminée de grains (1).

MAILLE.

C'est un droit supplémentaire dû, à chaque mutation d'immeubles bâtis, par les habitants de Langeac, *outre et par-dessus* le droit de lods et ventes.

« .... Il appartient à ladite seigneurie un droit
» appelé *droit de maille* sur toutes les maisons et bâti-
» ments qui se vendent en ladite ville et faubourg de
» Langeac, lequel est de deux sols six deniers pour livre,
» outre et au par-dessus le droit de lods et ventes qui
» est de pareille somme, et qui lui revient sur tous les
» héritages, domaines et maisons relevant de sa directe
» et censive..... (2). »

En 1771, les fermiers du seigneur de Thiers réclamèrent aux habitants de la baronnie un droit du même genre que celui perçu à Langeac. Ce droit, appelé *droit d'investison*, était « de trois livres au minimum, augmentant à propor-
» tion sur le prix de toutes les acquisitions, outre et par-
» dessus le droit de lods et ventes..... (3). »

MAINMORTE.

I. — D'après de Laurière, le nom de *mainmorte* vient de ce qu'après la mort d'un chef de famille sujet à ce droit, le seigneur venait prendre le plus beau meuble de sa maison; et, s'il n'y en avait pas, on lui offrait la main droite du mort en signe qu'il ne le servirait plus.

Il y avait deux espèces de mainmorte : la mainmorte *personnelle* et la mainmorte *réelle*. La mainmorte *person-nelle* était un droit en vertu duquel les seigneurs possé-

---

(1) Chabrol, tome II, page 530. — Voir *infrà* au mot NUAGE.
(2) Reconnaissance reproduite à la suite de la *Belle journée ou relation fidèle de la fête donnée au marquis de Lafayette par les habitants de Langeac, le 13 août 1766. (Brochure de 73 pages in-8° publiée par Paul Le Blanc.)
(3) Jacquetou, *Études sur la ville de Thiers*. Paris, Picard, 1891, page 117.

daient non-seulement la seigneurie des héritages situés sur leurs terres, mais aussi la seigneurie des personnes. Les hommes sujets à la mainmorte personnelle étaient dits : *hommes de corps, serfs* ou *mortaillables.* Cette servitude de l'homme sujet à la mainmorte personnelle le suivait partout. Elle était attachée à ses os et à sa chair, comme dit Chabrol. En quelque lieu qu'il fût, même sans posséder de bien dans la terre de son seigneur, il était toujours serf, et les biens qu'il pouvait acquérir au loin n'étaient pas moins dévolus, par son décès sans enfants, à son seigneur originaire (1), c'est ce qu'on appelait le *droit de suite.* Ce droit fut aboli entièrement par l'édit de Louis XVI du mois d'août 1779, qui supprimait la mainmorte personnelle dans les terres faisant partie du domaine de la couronne.

La mainmorte personnelle n'existait plus depuis long-temps en Auvergne. La Coutume, qui date de 1510, le déclare expressément : *Toutes personnes étant et demeurant audit pays, sont franches et de franche condition.* Mais elle subsistait encore dans les provinces voisines de l'Auvergne : la Marche, le Bourbonnais et le Nivernais, ainsi que dans un petit pays dépendant de l'Auvergne, la Combraille.

II. — Quant à la mainmorte *réelle*, on la trouve encore en usage dans plusieurs seigneuries d'Auvergne. Ce n'était plus la servitude complète; ce n'était pas encore un affranchissement absolu. Le possesseur de l'héritage tenu en mainmorte réelle était soumis au service de la taille seigneuriale, à des prohibitions de donations entre-vifs et

(1) L'article suivant du cahier de Saint-Pierre-le-Moutiers, en Nivernais, donnera une idée assez exacte de ce qu'était encore en 1789 la mainmorte personnelle dans les provinces du centre : « Art. 70. — Qu'on éteigne partout la mainmorte servile, attendu » que cet abus, par suite duquel les serfs n'ont ni la faculté de tester, ni celle de chan- » ger de domicile, ni celle de choisir un état à leur gré, expose d'ailleurs les gens de » cette malheureuse condition à être partagés comme un vil bétail quand leur père » est mainmortable d'une seigneurie et leur mère mainmortable d'une autre...... » (*Archives parlementaires,* tome V, page 640.)

testamentaires ou à d'autres restrictions du droit de propriété. Mais il n'y était soumis que comme détenteur du fonds. En abandonnant l'héritage mainmortable à une autre personne, il se libérait de la servitude.

La Coutume d'Auvergne donne au propriétaire d'un héritage assujetti au droit de *mainmorte* ou de *mortaille*, comme il est dit dans plusieurs terriers, tantôt le nom de *mainmortable* ou *mortaillable*, tantôt celui d'*emphytéote conditionné*, c'est-à-dire d'emphytéote possesseur de fonds soumis à la *condition* de mainmorte.

En Bourgogne, lorsqu'un mainmortable mourait sans enfants, le seigneur avait sur ses biens un droit de succession universelle. En Auvergne, le droit attribué au seigneur était loin d'être aussi étendu. Dans cette province, dit Chabrol, « la mainmorte réelle est beaucoup » plus adoucie qu'en aucune autre province. Le seigneur » ne reprend que les héritages grevés de la condition » de mainmorte seulement, c'est-à-dire ceux qui sont » présumés provenir de lui. Il n'a droit ni sur le mobilier, » ni sur les autres biens de l'emphytéote. Il ne lui succède » qu'autant qu'il est divis et séparé de ses lignagers (1) ».

En d'autres termes, pour que le seigneur eût un droit sur les héritages soumis à la *condition* de mainmorte, il fallait : 1° que ces héritages provinssent de lui ;

(1) Chabrol, *Coutumes d'Auvergne*, tome III. — Anobli, devenu acquéreur d'immeubles et de droits seigneuriaux, Chabrol essaie d'atténuer le côté odieux de la mainmorte. Il est d'avis que la mainmorte réelle n'a rien d'anormal ni d'injuste. C'est un accessoire, c'est une condition du cens. C'est le prix de la concession que les seigneurs avaient faite de certains tènements qui leur appartenaient. Il blâme la Coutume d'avoir dit : que le seigneur *succède* à son emphytéote. En réalité, d'après lui, le seigneur ne succède pas; il ne fait que reprendre simplement ce qu'il a donné sous condition. C'est *moins une succession qu'une réversion*, qu'un retour. « La mainmorte réelle, dit-il sans apporter aucune preuve, a la même origine que » le cens, et il y a même lieu de penser que le cens imposé avec la condition de main- » morte aurait été plus fort, si le bailleur n'avait pas stipulé de mainmorte. On » ne peut pas dire, ajoute-t-il, qu'elle doive son origine au gouvernement féodal et » que les seigneurs aient profité de l'espèce d'anarchie et de désordre qu'il a formés » pour imposer la mainmorte sans droit et sans concession de fonds. Elle a précédé » ce temps de confusion. »

2° que l'emphytéote n'eut ni enfants ni descendants légitimes, et 3° que les héritages mortaillables ne fussent pas indivis avec ceux des autres membres de la famille (1). Le motif de la mainmorte ayant été à l'origine, disait-on, de maintenir les familles en société pour le bien de l'agriculture, cet objet n'est plus rempli s'il y a eu partage; et, dès lors, le seigneur entre dans la plénitude de son droit. Mais, tant que l'indivision subsiste, il n'a aucun droit.

L'emphythéote ou censitaire, soumis à la mainmorte réelle, avait donc le droit, d'après la Coutume d'Auvergne, d'aliéner ses biens et d'en disposer, par contrat entre vifs, comme il le jugeait à propos et sans avoir besoin de la permission du seigneur. Mais, s'il n'avait pas d'enfants, et si l'indivision où pouvaient être ses biens avait pris fin, il ne lui était plus permis de disposer de ses biens par testament, legs, institution d'héritier ou association.

MANADE. *Voir :* LEYDE.

MANŒUVRES. *Voir :* CORVÉES.

MARCIAGE.

C'est un droit de mutation usité dans certaines châtellenies du Bourbonnais, limitrophes ou voisines de l'Auvergne, et qui était dû lors de la mort du seigneur.

A Billy, près Cusset, le droit de marciage consistait dans le double cens, et, à Verneuil, dans la perception d'une année des fruits de l'héritage (2).

(1) D'après la Coutume, le fait pour des parents indivis, de ne pas cohabiter avec l'emphytéote cconditionné et d'avoir des demeures séparées, ne pouvait pas équivaloir à un partage; il fallait un partage formel des biens en communauté, ou au moins un commencement de partage opéré par le *partement du chanteau*, autrement dit du pain commun. Voici en quoi consistait cette opération, tombée d'ailleurs en désuétude longtemps avant la rédaction de la Coutume : « Le plus ancien des communs » coupait le pain et le partageait en signe d'interruption de la communauté. Dès » ce moment, les associés étaient réputés divis et séparés; et leur décès, arrivant » ensuite sans enfants, donnait ouverture au droit de mainmorte. » (Chabrol, *Coutumes d'Auvergne*, tome III, page 526.)

(2) Chabrol, tome III, page 481. — *La Poix de Fréminville. Pratique universelle pour la rénovation des Terriers*, tome I.

MESURAGE, AUNAGE, CARTELAGE, JAUGEAGE, POIDS, ETC.

Par ces différents noms on désignait les droits, dont, sous prétexte d'emploi ou de fourniture de mesures, aunes, cartes, jauges, poids, etc., on frappait les marchands qui venaient vendre leurs denrées et marchandises dans les foires et marchés.

Mesurage. — Le droit de mesurage était perçu par les seigneurs ou par les corps de ville, quelquefois même par de simples particuliers. Ainsi, à Clermont, il y avait au-devant du marché au blé une place appelée *L'Echaudet*, à cause de sa forme triangulaire. Les droits de mesurage perçus sur les sacs de blé mis en vente sur cette place appartenaient à la ville. Mais les marchandises exposées devant les maisons, sur les rebords de la place, payaient le droit aux propriétaires de ces maisons. Seulement, ces propriétaires étaient chargés de l'entretien du pavé et de la fourniture des ustensiles nécessaires au mesurage (1).

Il en était de même à Billom. C'étaient des particuliers qui levaient le droit de mesurage, *lequel était attaché à la propriété des maisons qui bordent les marchés* (2).

A Issoire, la perception du droit de mesurage se faisait au profit de l'hôpital de la ville. C'étaient les pauvres qui venaient eux-mêmes sur la place faire la perception et qui devaient fournir les mesures.

Le droit de mesurage perçu par les villes ne soulevait pas trop de murmures. Ce qui n'empêcha pas l'intendant de Ballainvilliers, qui voyait les choses de haut et qui de plus redoutait les famines, de formuler contre lui un véritable réquisitoire. « Le droit de mesurage, dit-il dans

---

(1) Ces ustensiles consistaient : en mesures (*quartes* ou *quartons*), en *rasoires* (lames de bois aplaties employées pour raser et égaliser le dessus de la mesure une fois remplie); et en *paillas ronds* sur lesquels on plaçait la mesure pour recueillir les grains de blé que la rasoire faisait tomber. — La place de *L'Echaudet* était située à l'extrémité ouest de la rue appelée actuellement rue Massillon et au nord de la rue Saint-Genès.

(2) Archives départementales, fonds de l'Intendance, série C, liasse n° 68.

» son Mémoire de 1765, est odieux de sa nature puisqu'il
» augmente la valeur d'une denrée de première nécessité,
» et qu'il retombe entièrement sur le peuple qui mangerait
» son pain à meilleur marché s'il était affranchi de l'obli-
» gation de se servir des mesureurs de la ville et de leur
» payer pour droit de mesurage la somme qui a été fixée
» par un tarif, bas à la vérité, mais qu'il pourrait épargner,
» soit en mesurant lui-même, soit en se servant de me-
» sureurs qui se feraient payer un simple salaire. »

Cartelage. — Le droit de cartelage ou de *cartellerie*
qui était de un sou ou de demi-livre pesant de blé, par
carton mesuré, était perçu notamment à La Chaise-Dieu.
Ce droit, seigneurial à l'origine, avait ensuite été concédé
ou délaissé aux localités où il était en usage.

Poids. — A Clermont, ceux qui vendaient ou achetaient
des marchandises et denrées dont la valeur était estimée
par le poids, étaient obligés d'en faire la pesée dans un
bureau établi par la ville et payaient un droit pour cela.
C'était comme la banalité du poids. L'intendant de Ballainvilliers était hostile à ce droit non moins qu'au droit
de mesurage, qu'il fût perçu au profit d'un seigneur, ou
au profit d'une municipalité. « C'est une grande gêne
» pour le commerce, dit-il, et un prétexte pour le mar-
» chand, de hausser le prix de la denrée ou de la marchan-
» dise..... D'ailleurs, ajoutait-il, en termes vraiment ré-
» volutionnaires pour l'époque, n'est-il pas de la liberté
» naturelle que le vendeur et l'acheteur fassent peser
» leurs marchandises et denrées par telle personne qu'ils
» jugent à propos et aux moindres frais qu'il leur est
» possible? »

A Billom, il se percevait un droit de poids de deux sols
six deniers, par quintal, sur les habitants et de cinq sols
sur les forains, pour les chanvres, les laines, etc. A Chignat,
près Vertaizon, on prélevait le jour de la grande foire de septembre un droit de poids sur les chanvres, lequel variait
de huit à quinze sols.

MISEMENT.

« Le *misement*, dit Chabrol, est une espèce de percière.
» Il est dû ordinairement sur des vacants et des terres
» qui, n'étant pas assez fertiles pour être cultivées tous
» les ans, sont laissées pour ainsi dire au premier occupant,
» à condition d'en payer le misement lors de la mise en cul-
» ture. Ce droit est communément la moitié de la somme
» pour le seigle et le tiers seulement pour l'avoine, comme
» à Sermur. Il n'est guère en usage que dans la Combrailles
» et aux environs (1). »

MOISSON.

Redevance perçue dans plusieurs seigneuries à titre
de contribution aux gages des officiers du seigneur et
aux frais de justice. Elle était en usage entre autres dans
la terre de Mauzun près Billom, dans la vicomté de Chey-
lannes en Haute-Auvergne, etc.

Le droit de moisson, désigné quelquefois sous le nom
de *moisson du bailli*, consistait ordinairement en une prestation annuelle portée par le terrier et ajoutée aux cens.
Dans le Forez il était ajouté au droit de lods et ventes et
s'appelait *rière-lods* ou *dreuille*.

En 1771, le fermier du seigneur de Thiers fit revivre
un droit qu'il dénommait *moisson du châtelain* et qui était
de cinq sols par chaque article de cens (2).

Le droit de moisson était appelé en quelques endroits
droit de *vigerie* ou *viguerie*, du mot *viguier* qui veut dire
officier de justice (3).

MOULIN BANAL. *Voir :* BANALITÉS.

MUAGE.

Le nom de *muage*, que l'on trouve dans beaucoup
de terriers (*muages accoutumés*, etc.), semble avoir été

(1) Chabrol, *Coutumes d'Auvergne*, tome III, page 482.
(2) Jacqueton, *Études sur la ville de Thiers*, page 117.
(3) Chabrol, tome III, page 482.

le nom générique de tous les droits quelconques exigés dans les cas de mutations d'immeubles.

Chabrol l'applique à un droit spécial dont il ne donne pas la définition. Il dit seulement que, dans bon nombre de terres, *on ne lui attribuait aucun effet pécuniaire*, ce qui ne se comprend guère ; et il ajoute que, dans d'autres terres, comme à Usson et à Nonette, il emportait le double cens, et qu'à Culhat, il consistait dans une certaine quantité de froment payable l'année de la mutation.

En réalité, Chabrol ne paraît pas du tout fixé sur la nature du droit de *muage*. Dans un passage on croirait qu'il l'assimile au droit de *marciage* exigé en Bourbonnais, lorsque le seigneur allait de vie à trépas ; et, dans un autre, il lui trouve de l'analogie avec une sorte de droit de mi-lods usité dans le Forez (1).

Peut-être est-ce plutôt un droit équivalent au droit de *remuage* dû, d'après quelques coutumes, lorsqu'un héritage était échangé contre d'autres qui n'étaient pas de la censive du seigneur!

NOCES.

Droit perçu par les seigneurs lors du mariage de leurs vassaux. Ce droit assez commun en Auvergne, au dire de Fléchier (2), n'était vraisemblablement qu'une transformation

---

(1) Chabrol, tome III, page 481 ; — tome II, page 530 — Voir *suprà* : *Marciage, Lods et Ventes.*

(2) « Il y a un droit qui est assez commun en Auvergne et qu'on appelle le droit
» des Noces. Autrefois, on ne l'appelait pas si honnêtement ; mais la langue se purifie
» dans les pays même les plus barbares. Ce droit, dans son origine, donnait pouvoir
» au seigneur d'assister à tous les mariages qui se faisaient entre ses sujets; d'être
» au coucher de l'épousée ; de faire les cérémonies que font ceux qui vont épouser
» par procuration les reines de la part des rois. Cet usage ne se pratique plus au-
» jourd'hui…. Cette cérémonie a été changée en reconnaissance pécuniaire, et, par
» un accord mutuel, les seigneurs ont demandé des droits plus solides, et les sujets
» ont été bien aises de se rédimer de cette loi si dangereuse à leur honneur…… »
— Ces réflexions avaient été inspirées à Fléchier par l'affaire du comte de Montrallat,
lequel était accusé de tirer grand profit du droit de noces, tellement qu'*il en coûtait
bien souvent la moitié de la dot de la mariée.* (*Mémoires de Fléchier sur
les Grands-Jours d'Auvergne*, en 1665.)

pécuniaire de ce fameux *droit du seigneur* dont on a tant
parlé, et qui, quoi que certains aient prétendu, semble avoir
réellement existé.

Il n'était pas réglé de la même manière dans toutes
les seigneuries. Dans plusieurs il avait été converti d'abord
en un droit d'assistance effective aux noces; puis, plus tard,
en une redevance pécuniaire fixe. Il en était ainsi à Murat
où la redevance portait le nom de *droit de nappe*.

En la justice de Meyronne « chacune paire de personnes
» demeurant au village du Rouve, paroisse de Saugues,
» et se mariant, devait au seigneur un *droit d'osquà*. »
Ce droit, dit M. Branche, encore maintenu et payé d'après
l'aveu et dénombrement de 1787, était alors acquitté en argent et évalué à trois livres pour chaque année. L'osquà
ou *aucà* était un plat de ragoût de mouton aux raves que
les mariés offraient au seigneur pour sa part du repas,
le jour de leurs noces (1).

En la seigneurie de Bulhon, ce même droit, appelé aussi
droit des épousailles, consistait en quatre pichers de vin
vieux, de trois chopines chacun, dû par tous les nouveaux
mariés. A Vinzelles, ceux qui épousaient dans la paroisse
payaient à leur seigneur seize pichers de vin.

A Digons, paroisse de Pebrac, subdélégation de Langeac,
redevance du même genre. « Si ledit confessant, est-il dit
» dans le terrier en date de 1774, fait nopces en sa maison,
» sera tenu payer la tierce partie d'un pain fait de la fleur
» d'un carton froment, un pichier ou carte de vin et un
» plein tranchoir de viande fraîche, bonne et suffisante,
» si mieux n'aime payer trois livres ainsi qu'il est de cou-
» tume et d'usage (2). »

Voir *suprà :* CORSAGE.

(1) *Etude sur les droits seigneuriaux de l'Auvergne*, article publié par Dominique Branche dans la *Revue du Centre*, n° 1, du 10 novembre 1857.

(2) Terrier de la baronnie de Digons, paroisse de Pebrac, diocèse de Saint-Flour,
renouvelé en mars 1774. (Communiqué par M. Paul Le Blanc, de Brioude.)

PÉAGE.

I. — Droit que le seigneur prélevait sur les denrées et marchandises transportées d'un pays à un autre, en passant par sa seigneurie.

Ce droit, auquel on attribue une origine romaine, portait aussi, suivant les lieux, les noms de *travers, barrage, passage, chainage, rouage*, etc. Les noms de *travers* et de *passage* s'expliquent d'eux-mêmes. Ceux de *barrage* et de *chainage* venaient de la barre ou chaîne qui interceptait le passage jusqu'à ce que le droit eût été acquitté.

II. — La Coutume d'Auvergne imposait aux seigneurs péagers l'obligation *d'entretenir les chemins, ponts et voies publiques* sur lesquels ils levaient des droits de péage, et l'obligation *de tenir en sûreté les passants et repassants*. Les ordonnances d'Orléans et de Blois contenaient les mêmes prescriptions qui furent aussi reproduites par l'arrêt des Grands-Jours de Clermont, du 9 janvier 1666. Par suite de ces obligations, les péages devenaient parfois très onéreux pour ceux qui en étaient propriétaires; à tel point qu'on vit des seigneurs demander eux-mêmes à être dépossédés.

En 1787, Albert-François de Moré, comte de Pontgibaud, à qui appartenait le droit de péage au passage du pont établi sur la Sioule, à Pontgibaud, demanda au roi d'être déchargé de l'entretien et de la réparation de ce pont, en abandonnant son droit. « Comme le pont, » disait-il dans sa requête, qui est très étroit, attendu » qu'il ne servait autrefois de passage que pour un chemin » particulier et de communication, se trouve aujourd'hui » sur le passage d'une grande route, il est indispensable » de l'agrandir et de lui donner une largeur suffisante » pour les grosses voitures et diligences publiques, ce » qui occasionnera une dépense considérable qui ne peut » être à la charge du suppliant; dans cette position, le

» suppliant croit devoir offrir à Sa Majesté la cession
» et abandon de son droit de péage, et réclamer de sa
» justice l'affranchissement de tout entretien du pont
» de Pontgibaud.... »

Un arrêt du Conseil d'Etat, du 21 mai 1787, accueillit
la demande (1).

III.— En principe, tout le monde devait payer les droits
de péage. Il y avait toutefois des exemptions particulières.
Ainsi, les habitants de Gerzat, près Clermont, jouissaient
de temps immémorial du privilège de ne payer aucune taxe
aux foires de Clermont, de Montferrand, de Riom, d'Ennezat, de Pont-du-Château, et dans tous les endroits où
le seigneur de Pont-du-Château percevait des droits
de péage. Les jours de foire, leur valet de ville se tenait
sur le lieu de perception du péage, pour signaler aux fermiers les gens de la paroisse et empêcher toute confusion (2).

IV.— A partir du quinzième siècle, les rois luttèrent
tant qu'ils le purent contre les abus des péages féodaux
et cherchèrent à en réduire le nombre, soit en encou-
rageant des abandons gratuits, soit en facilitant le rachat
par les habitants intéressés. Ainsi, les habitants d'Aurillac, sur les conseils de l'Intendant, s'entendirent avec
le marquis de Conros qui, le 24 octobre 1670, leur céda,
moyennant 13,000 livres, les droits qu'il percevait sur
les avenues de la ville d'Aurillac.

Lorsque les différents intendants eurent fait établir dans
tout le royaume des grands chemins entretenus aux frais
de l'Etat, lorsque la sécurité publique fut assurée par
la création de brigades de maréchaussée sur les points
principaux du territoire, les péages n'eurent plus de raison

(1) Placard de quatre pages in-4°, de l'imprimerie Delcros, à Clermont. (*Archives
départementales*, Intendance, liasse : Péages et Droits féodaux.)

(2) A plusieurs reprises, on leur contesta leur privilège et ils furent obligés de
se défendre en justice. (*Histoire de Gerzat*, par E. Jaloustre, chapitre XVIII.—
Archives départementales, Intendance, série C, n°ˢ 2289-2292.)

d'être, et ne constituèrent plus qu'une entrave nuisible au commerce et le prétexte d'un droit absolument inique. « Le roi, disait non sans raison un cahier de 1789, a établi » des maréchaussées pour la sûreté des chemins; l'entretien » des routes et des ponts n'est plus aux frais des seigneurs, » et, cependant, ils ont conservé leurs droits de péage. Le » peuple paie les maréchaussées; il paie les corvées pour » les routes, et il est soumis quand même aux droits de » péage. » Aussi, le gouvernement, ayant conscience de cette iniquité, pourchassait-il les péages avec plus de rigueur qu'il ne l'avait fait jusque-là.

Un arrêt du Conseil d'Etat, du 29 août 1724, institua une Commission spéciale à laquelle tous les seigneurs, propriétaires de droits de péage, passage, travers, etc., perçus sur les ponts, chaussées, chemins, cours d'eau, étaient tenus de présenter leurs titres dans le délai de quatre mois. Cet arrêt n'ayant pas produit tout l'effet qu'on en attendait, un autre arrêt, du 4 mars 1727, vint stimuler les péagers retardataires et ordonner la déchéance de ceux qui n'auraient pas présenté leurs titres dans le délai de six mois, du jour de sa publication.

Cette Commission des péages, devenue pour ainsi dire permanente, ne resta pas inactive et poursuivit pendant de longues années la révision dont elle était chargée. Plus de douze cents péages furent supprimés, dès 1724, dans l'étendue du royaume, et, depuis cette époque, les suppressions se continuèrent incessamment.

De 1738 à 1755, il y en eut près d'une centaine dans l'Auvergne seulement. Nous citerons entre autres : le péage perçu en la ville et sur la chaussée de Riom, au profit de l'abbaye de Mozac et de la ville de Riom; le péage de M. Térnier, à Cornon; — le péage perçu par M. de Miremont sur le pont et dans la seigneurie de Pontaumur;— les péages prélevés par le duc de Bouillon, à Tissonières, près Joze, à Dieu-y-Soit, et sur les chemins de la seigneurie de Vic-le-Comte;—le péage de M. de Montmorin, à Pialoux, paroisse de Celles-sur-Thiers;—le péage de M. d'Espinchal, à Massiac;— les péages de M. de Canillac, marquis de Pont-du-Château, à Riom, à Montferrand, à Pont-du-Château, à Chappes, à Cormède, à Lussat, etc.;— les péages de M. de Broglie, à Besse, Ravel, Latour, Coudes, Montpeyroux, Clavières, Moussage, Saint-Amant-La Cheire, Saint-Saturnin, etc.;— les péages de M. de Moras, à Ambert, Riolz et Marsac, etc., etc.

Un arrêt du Conseil, du 10 mars 1771, contenant règlement pour les péages dans l'étendue de la généralité de Riom, ordonna que les péages maintenus continueraient d'être perçus par les propriétaires, *jusqu'à ce qu'il plaise à Sa Majesté de les réunir à son domaine pour les supprimer en indemnisant les propriétaires et remboursant les engagistes ;* « à la charge de l'entretien des chaussées,
» ponts, rivières et abords sur lesquels lesdits droits
» se perçoivent, comme étant ledit entretien une charge
» inhérente et indivisible de la perception de tous les
» péages; et encore à la condition de faire écrire très li-
» siblement, si fait n'a été, le tarif arrêté par les arrêts
» du Conseil confirmatifs desdits péages, sur un tableau
» qui sera attaché à un poteau élevé dans les lieux où
» lesdits droits sont perçus, ainsi qu'il a été ordonné par
» lesdits arrêts du Conseil. Si non et faute d'y satisfaire
» par lesdits propriétaires, leurs droits de péage seront sup-
» primés sans espérance d'être rétablis, ce qui ne pourra
» être regardé comme comminatoire.... »

A la suite de cet arrêt figurait un état des péages de la généralité de Riom, qui avaient été confirmés, de ceux qui avaient été supprimés et de ceux qui restaient à vérifier sur titres représentés.

On a vu plus haut le nom des principaux péages supprimés. Voici ceux qui étaient confirmés : à Bulhon, péage de M. de Frédefond de Sauvagnat, *engagiste;*— à la Roquebrou, péage de M. d'Escars de Montal ; — à Bex, seigneurie de Marmiesse, péage de M. de Saint-Chamaran ; — dans la châtellenie de Salzuit, péage du chapitre de Brioude ; — sur la rivière d'Allier, à la digue construite au-dessous de Pont-du-Château, péage de M. de Canillac ; — à Lezoux, péage de M. de Roussille ; — à Pontgibaud, péage de M. de Moré de Challier ; — sur le pont de Veyre, péage à M. d'Ouradour d'Authezat et à M. d'Ormesson ; — à Usson, sur le chemin d'Issoire à Saint-Germain-l'Herm, péage au maréchal de Maillebois, *engagiste* ; — en la ville et vicomté de Murat, péage à M. de Sieujac, *engagiste* (1).

De ces péages conservés, plusieurs disparurent encore après 1771, de telle sorte qu'il en restait très peu en Auvergne au début de la Révolution. Chabrol en faisait la remarque dès 1784. « Il subsiste, disait-il, très peu » de péages aujourd'hui. La Commission particulière que » le roi a établie pour la révision de ces droits, les a » presque tous supprimés. »

Les péages étaient d'ailleurs condamnés à disparaître entièrement à bref délai. Turgot, l'ennemi né de tout ce qui pouvait entraver le commerce, les aurait certainement anéantis complètement si la durée de son ministère eut été moins courte (2). Necker, dont les vues économiques se rapprochaient de celles de son illustre prédécesseur, Necker avait dans un arrêt du Conseil du 15 août 1779, fait poser le principe de leur rachat. « Sa

(1) Arrêt du Conseil d'État du roi, contenant règlement sur les péages et bacs dans l'étendue de la généralité de Riom, du 10 mars 1771. Imprimerie royale, 12 pages in-4°.

(2) Il commença par faire diminuer le montant des droits perçus. « Un édit de no- » vembre 1771 avait établi une taxe de 8 sous par livre sur les droits de péage, pas- » sage, travers, barrage et autres droits de même nature. La circulation en était » devenue plus difficile, plus onéreuse, à l'entrée des villes, des bourgs, et même sur » le chemin d'un village à un autre. Il fallait payer, outre la taxe, ce supplément » de taxe. Considérant que la plupart de ces droits étaient *d'un objet trop modique* » *pour que les sous par livre pussent être perçus toujours avec justice;* consi- » dérant en outre que tous ces droits *retombaient en grande partie sur la portion* » *la plus pauvre du royaume,* Turgot obtint que le roi *sacrifiât à leur soula-* » *gement cette branche de ses revenus;* et les sous pour livre furent supprimés » par arrêt du 15 septembre 1774. » (*Essai sur le ministère Turgot,* par Foncin. Paris, 1875, 1 vol. grand in-8°.)

» Majesté, disait le préambule de l'arrêt, a fortement
» à cœur de délivrer la nation de ces nombreux péages
» établis à la fois sur les grandes routes et sur les rivières.
» Cette perception arrête et fatigue le commerce.....
» Tous ces droits, nés pour la plupart des malheurs et
» des confusions des anciens temps, forment autant d'obs-
» tacles à la facilité des échanges, ce puissant encoura-
» gement de l'agriculture et de l'industrie..... » L'arrêt
prononçait la suppression des péages au moyen d'un remboursement en capital, mais l'exécution de la mesure
était ajournée à la paix.

L'anéantissement des péages n'était donc plus qu'une
question de temps.

PELLIÈRE.

Pelière ou *pellière* est le nom donné en Auvergne
aux digues et barrages établis en travers des rivières
et ruisseaux, afin de faire refluer les eaux dans des canaux
ou biefs de dérivation pour l'arrosage des prairies ou pour
le service des moulins et autres usines.

Il y avait des pelières sur la Sioule, sur l'Alagnon, sur
la Dore, sur l'Allier, sur la Couze dans la banlieue d'Issoire
et sur d'autres cours d'eau de moindre importance. Mais
la plus considérable était sans contredit la pelière de Pont-
du-Château où se percevait un péage.

Cette pelière, composée primitivement d'une file de gros
pieux (en vieux français *pel* d'où le nom de *pelière*) fichés
dans des trous creusés dans le rocher qui forme le lit de
l'Allier, était installée d'abord à soixante-dix mètres environ en amont du pont qui donne son nom à la ville.
En 1772, on l'avait remplacée par une digue en maçonnerie,
établie sur toute la largeur de la rivière à environ dix mètres
au-dessous du pont. A gauche était un canal servant à la
pêche du saumon, et à droite un moulin à six tournants
et une écluse destinée au passage des bateaux (1).

(1) *Gaultier de Biauzal. Sa vie et sa correspondance,* par Francisque Mège.
Paris, Lechevalier, 2 vol. in-8°, 1890. Voir tome I, page 92.

Sur chaque bateau passant par l'écluse de cette digue, les seigneurs de Montboissier Beaufort-Canillac, marquis de Pont-du-Château, percevaient un droit de péage. Ce droit qui, dans le principe, était de dix sols, avait été porté, en 1691, à trente sols par bateau ou train de bois ; et, comme la navigation de l'Allier, à peu près nulle aujourd'hui, était au dix-huitième siècle très considérable, — 1,600 ou 1,700 bateaux ou trains de bois, par année, au dire de l'intendant Ballainvilliers, — la pelière était très productive pour les seigneurs. Aussi avaient-ils grand soin de veiller à la conservation de leur privilège.

A plusieurs reprises, les marchands et mariniers fréquentant l'Allier, demandèrent la suppression de la pelière qui gênait la navigation et imposait un surcroît de dépenses ; mais les seigneurs de Pont-du-Château, grâce à leurs puissantes influences, parvinrent toujours à faire maintenir les anciens droits. En 1724, notamment, lors de l'institution de la commission des péages, les marchands pétitionnèrent pour obtenir qu'on les délivrât de la pelière et du péage, attendu, disaient-ils, que l'un et l'autre sont contraires aux ordonnances concernant les rivières navigables et particulièrement à la déclaration du roi du 24 avril 1703 pour le rétablissement et l'augmentation du commerce et de la navigation de la Loire et de ses affluents. Le marquis de Pont-du-Château fit valoir que sa digue était absolument indispensable pour faire marcher des moulins qui desservaient toute la contrée ; et son privilège lui fut conservé.

Un arrêt du Conseil du 27 janvier 1733 le maintint spécialement dans la propriété, possession et jouissance de la digue ou pelière construite en dessous de la ville de Pont-du-Château, et dans le droit de percevoir trente sous sur chaque bateau passant par l'ouverture du pertuis ou écluse de cette digue. Par cet arrêt, le roi faisait en même temps défense aux fermiers ou préposés de la pelière, *de faire attendre les marchands, bateliers et mariniers au-dessus de l'écluse*, et ordonnait *qu'elle serait ouverte à leur première réquisition*, à peine de 300 livres d'amende.

Les obstacles apportés à la navigation et les droits de péage perçus au passage n'étaient pas les seuls griefs articulés contre la pelière de Pont-du-Château. On lui reprochait également d'arrêter tout le poisson venu des bords de la mer, et de donner ainsi au seigneur le monopole exclusif de la pêche du saumon, au grand détriment nonseulement des riverains et des paroisses limitrophes, mais d'autres populations plus éloignées qui s'approvisionnaient de poisson de l'Allier. Voici ce qu'on lit à ce propos dans le cahier rédigé en 1789 par le tiers état de Mende :
« *Art. 34*, que les écluses, *pelières* et filets établis sur la
» rivière d'Allier, au Pont-du-Château, à Moulins et
» ailleurs, pour intercepter le passage du poisson, seront
» démolis (1) ».

PERCIÈRE.

I. — En Auvergne, on donnait le nom de *percière* ou *partière* (du latin *partiri*, partager) à un droit semblable, à quelques nuances près, à celui que l'on appelait ailleurs *agrier* ou *terrage*, c'est-à-dire à une redevance en quotité de fruits perçue par le seigneur au moment de la récolte.

Les percières étaient partagées dans le champ même où la récolte se faisait ; puis elles étaient habituellement portables à la grange ou au cuvage du seigneur ou de son fermier. Seulement il fallait, à peine de dommages-intérêts,

(1) *Archives parlementaires.* « Les pays qui sont au-dessus de Pont-du-Château,
» dit Dulaure, ont par la construction de la digue, été privés de cette production de
» la rivière qui appartient également à tous les habitants, comme l'eau qui y coule,
» comme l'air qui circule dans l'atmosphère. » Et il ajoute en note : « Les seigneurs
» avaient le *droit de pelière* ; mais la pelière formée de piles en bois n'arrêtait
» que très peu de poissons ; ils ont fait construire une digue en maçonnerie qui
» arrête tout le poisson. Je demande si le droit de *pelière* est le même que le
» droit de *digue*. Je demande aussi si un homme peut avoir le droit de priver des
» milliers d'autres hommes qui habitent, dans une longueur de vingt-cinq lieues, les
» rives de l'Allier, du poisson que la nature leur destine. » (*Description des principaux lieux de France, Auvergne.* Paris, Lejay, 1789.)

que le seigneur eût été appelé, *ou homme pour lui*, pour assister au partage de la récolte (1).

Par exception, il y avait dans quelques censives, à côté de ténements dont les percières étaient formellement *portables*, d'autres ténements dont le seigneur devait faire enlever lui-même sa part de récolte, « est tenu, dit le ter-» rier de Perol, ledit sieur prieur, venir, partir au plon-» gheon *(pour son droit de percière)*, et est tenu apporter » ou faire apporter sa portion dans sa grange audit lieu de » Perol, sans que lesdits habitants ou laboureurs soient » tenus apporter aucune gerbe dudit ténement (2). »

II. — D'après Chabrol, les héritages assujettis au droit de percière étaient ordinairement des terres peu fertiles, des *charmes* ou terres hermes que leur nature ingrate n'avait pas permis de concéder à un cens annuel fixe. « L'usage, dit-il, est que les habitants du canton les culti-» vent le plus souvent sans aucune convention. Le premier » occupant les défriche et en paie la percière au sei-» gneur, suivant que l'usage du pays en règle la quotité, » et il l'abandonne lorsque les sels en sont épuisés. Il y a » des terres, comme celle de Bansson, dont les terriers » portent que tout ce qui n'est pas reconnu spécialement » en cens, appartient au seigneur qui en prendra la per-» cière, lors des défrichements (3). »

(1) « .... Laquelle percière à la quatrième partie des fruits, payable et portable à » chacune moisson y ayant fruits, et à continuer tant et si longuement qu'ils seront » tenanciers de ladite terre, de laquelle ils ne pourront emporter aucuns fruits sans » avertir ou appeler ledit seigneur, ses fermiers ou receveurs, pour partager lesdits » fruits et ensuite emporter ladite percière dans la grange dudit seigneur en ladite » commanderie. »...*. (Terrier de la commanderie de Saint-Jean de Chanonat)* 1735-1736. — *Archives départementales du Puy-de-Dôme.)*

« Les tenanciers des terres ne pourront nullement partir les gerbes, sans que ledit » sieur prieur ne soit appelé ou homme pour lui, à peine de tous dépens, dommages et » intérêts, et seront tenus partir au plongeon *(ou meule)*, et mettre le droit de per-» cière appartenant au sieur ... dans leur char, et leur portion mettre et jeter par » terre, et porter ledit droit de percière appartenant au sieur prieur dans sa grange » comme dit est....*.(Terrier du prieuré de Saint-Martin de Perol et Perpezat).*

(2) *Archives départementales. Terrier de Perol.*

(3) Chabrol, *Coutumes d'Auvergne*, tome I, page 23. — *Mémoire sur procès pour*

Quoi qu'en dise le savant commentateur de la coutume d'Auvergne, cependant, les terres peu fertiles n'étaient pas seules sujettes aux percières. Dans les vignobles et spécialement dans le voisinage de Clermont et de Riom, à Montferrand, à Sayat, à Blanzat, Cebazat, Châteaugay, Volvic, etc., nombre de vignes situées en bons terrains étaient redevables de percières annuelles.

III. — Certains terriers réservaient aux débiteurs de percières le droit de prélever pour eux-mêmes, avant tout partage de la récolte perciérable, un certain nombre de gerbes. Ce droit, analogue au droit de *Léger* dont jouissaient les décimables de quelques paroisses, était appelé *droit du pigier*. « .... Donne ledit seigneur tous pouvoirs » et permissions aux dits confessants et habitants de » Perol, de rompre et labourer terres nouvelles dans les » paschiers, fraux et communaux étant dans les limites et » enceintes dudit Perol, comme bon leur semblera..... » en payant le droit de percière à raison de dix-huit gér-» bes cinq, et porter comme dessus, en prenant par les-» dits habitants, le *droit du pigier* qui est trente-deux » gerbes franches pour chacune septerée, tant desdites » terres novales que terres et ténements sus-particulière-» ment confinés.... (1). »

IV. — Quoique la percière constituât parfois à elle seule le cens dû par certains héritages et fût stipulée dans les mêmes termes que les autres droits seigneuriaux (2), beaucoup de jurisconsultes refusaient à ce genre de prestation, le caractère de redevance féodale et assimilaient le contrat qui l'avait constituée à un bail à colonage. Ce qui, d'après

Jean-Louis de Sarrozin, ci-devant seigneur de Bansson, contre les habitants du Montel, commune de Gelles, rédigé par M. de Vissac, en novembre 1817, 36 pages in-4° de l'imprimerie Thibaud, à Riom. — Voir *suprà* Misavant.

   (1) *Terrier du prieuré de Saint-Martin de Perol.*
   (2) Reconnaissance à Chanonat « ...... Au cens annoel et perpétuel du droit de » percière à la quatrième partie de tous les fruits qui se recueilleront dans ladite terre, » censuel et reddituel en tous droits de directe seigneurie à usage de chevalier, etc. » (*Terrier de la commanderie de Chanonat.*)

eux, prouvait le bien fondé de cette manière de voir, c'est, disaient-ils, que le bailleur imposait au détenteur l'obligation de cultiver, *en bon père de famille* et faisait réserve de sa propriété puisqu'il avait le droit d'expulser le détenteur en cas de mauvaise culture. Cette opinion fut admise par la Cour de cassation qui, par un arrêt du 23 vendémiaire an XIII (15 octobre 1804), décida qu'en Auvergne les percières ne sont pas des droits féodaux (1). La coutume de cette province ne leur donne pas ce caractère, et de plus il est de principe reconnu que, à la différence du cens dont il n'était permis de demander que les trois dernières années d'arrérages, on pouvait au contraire demander 29 années d'arrérages ou fruits de la percière (2).

V. — Le taux des percières n'était pas uniforme, il variait, du tiers que l'on trouve perçu à Issoire, à Riom, à Plauzat, etc., à la dixième portion des fruits qui se pré-

(1) Les cultivateurs étaient d'un avis contraire. Pour eux, les percières devaient, à n'en pas douter, figurer parmi les droits seigneuriaux abolis définitivement par les lois révolutionnaires. Aussi avaient-ils cessé de les payer dès 1793. On peut juger de leur déconvenue et de leur irritation lorsque des jugements et décisions judiciaires vinrent proclamer que les percières existaient toujours, après comme avant la révolution, et qu'il fallait en acquitter le montant. En plusieurs circonstances, il se produisit des troubles, notamment à Cebazat, après la Révolution de 1830, révolution qui, dans l'idée de beaucoup de paysans, avait nécessairement pour objet de compléter les mesures libératrices de la grande révolution. (Sur cette émeute de Cebazat, voir : Doniol, *La Révolution française et la féodalité*, page 163. — De Vissac, *Château-gay et ses seigneurs*, page 253.)

(2) *Mémoire en forme de consultation* du 1er février 1808, signé : Andraud, Vissac, avocats à Riom, et approuvé par MM. Bergier et Boirot, avocats à Clermont, le 5 mars 1808, 16 pages in-4°, Riom, Thibaud-Landriot. — *Dissertation sur la nature des percières dans la ci-devant province et contrée d'Auvergne*, par Andraud, 12 pages in-4°. — L'arrêt de cassation de 1804 ne fut pas la seule décision judiciaire qui reconnut le caractère non féodal des percières d'Auvergne. On cite encore un arrêt rendu depuis au profit de M. de Laqueuille pour les percières de Cebazat ; un autre obtenu à Riom, le 19 juillet 1808 par M. de Guillaumanches du Boscage pour les percières d'Aurières ; un autre obtenu par le même le 26 janvier 1814 pour les percières de Recolène : par ces divers arrêts les percières sont déclarées représenter la propriété du sol, dans la main du seigneur, par conséquent lui appartenir à ce titre et non comme redevance, nonobstant sa qualité de seigneur, indépendante des lois sur la féodalité.

levait dans certaines vignes dépendant du chapitre cathédral et du chapitre de Saint-Pierre de Clermont, en passant par la quatrième, la cinquième, la sixième, la septième et la huitième (1).

Bien entendu le droit de percière n'était exigible qu'autant que la terre était cultivée et produisait une récolte. Dans les montagnes, où on ne travaillait le sol que tous les deux ou trois ans, la percière ne se percevait que tous les deux ou trois ans. Seulement, les tenanciers ne pouvaient laisser les terres en friche plus de trois ans, à peine d'être éliminés par le seigneur et remplacés par d'autres (2).

PORTERAGE.

Un des ancêtres de notre impôt actuel des *portes* et fenêtres. « Le droit de *porterage*, dit Chabrol, est connu » dans quelques terres comme celle de Vals, près Bort. » C'est une redevance personnelle due par chaque feu, à » raison du domicile, comme si on disait par chaque *porte*, » la partie se prenant alors pour le tout qui est la maison. » Il y a des lieux où l'on paie une poule par feu, *gallinam* » *foci* » (3).

Le porterage était aussi perçu dans le Velay.

Dans le Forez, on avait donné le nom de *porterage* à une redevance payée au seigneur par les vassaux, pour l'aider à entretenir un *portier* ou gardien dans le château.

POTAGE, *voir* LEYDE.

---

(1) A Chanonat, les percières étaient communément à la quatrième partie; à Binsson également; à Pontfreyde, à la cinquième et à la sixième; à Saint-Ours, à la huitième; à Perol, justice de Rochefort, le droit de percière se percevait dans certains terroirs, à raison de dix-huit gerbes cinq, et dans d'autres à raison de vingt-une gerbes quatre.

(2) *Terrier de Perol. Archives départementales.* — *Terrier de Recolène* du 11 octobre 1770, cité dans un *Mémoire,* sur procès; pour *M. de Guillaumanches du Boscage contre le corps commun du lieu de Recolène,* 68 pages in-4° de l'imprimerie Landriot, à Clermont.

(3) Chabrol, tome III, page 481.

PRESSOIR BANAL, *voir* BANALITÉS.

PRISE D'EAU *(droit de)*.

C'est le droit qui était payé au seigneur par ceux qui détournaient l'eau des ruisseaux, fossés et *gouttes* (1), pour arroser les prés ou faire marcher les moulins. Droit absolument inique, comme bien d'autres, du reste, l'eau étant un élément qui appartient à tous les hommes, ainsi que le disait un cahier de 1789 (2).

Le droit de prise d'eau qu'on appelait quelquefois aussi *droit d'aguage*, avait des quotités diverses suivant les seigneuries et suivant l'étendue des prairies irriguées. A Monton, les habitants payaient au seigneur de Tallende une redevance de trois livres par an pour la prise d'eau du canal qui arrosait la prairie communale. Dans la terre de Lafayette, il était dû pour le même chef, par un certain nombre de villages associés, 36 manœuvres à faucher, 31 manœuvres simples, plus vingt-cinq livres de fromage, trois faix de foin, de la cire, des gelines, tandis que dans d'autres terres la redevance était considérablement moins forte. Quelquefois, le droit à payer se confondait avec le cens dû à raison de la prairie irriguée, ou du moulin mis en mouvement (3).

(1) Le mot *goutte*, employé encore sur les confins de la Marche et du Berry, avec la signification de *mare, petit étang*, ainsi que le constate le *Glossaire du centre de la France*, par le comte Jaubert, se rencontre dans les terriers de la Basse-Auvergne avec un sens à peu près semblable. Ce n'est cependant pas à proprement parler, un étang, c'est plutôt un endroit habituellement humide, où l'eau suinte, une espèce de mare, quelque chose d'analogue à ce que l'on appelle encore dans les environs de Montaigut-en-Combrailles, une *mouillère*.

(2) « — L'irrigation des prés étant dans certains cantons de première nécessité, et » le seigneur le sentant si bien que quelques-uns les consentent moyennant une rétri- » bution, il est nécessaire de demander que cet arrosement puisse se faire sans rétri- » bution, puisque ce n'est que l'usage d'un élément qui appartient à tous les » hommes.... » (*Cahier du tiers état de Clermont en Beauvaisis. — Archives parlementaires*, tome II, page 757.)

(3) Terrier des cens de Bullion, Lareine, etc., appartenant au prince de Latour-d'Auvergne. — Terrier de Sainte-Anne-la-Bastide, membre de la commanderie de Chanonat. (*Archives départementales du Puy-de-Dôme.*)

Le droit de prise d'eau avait souvent été contesté aux seigneurs en ce qui concerne les tout petits ruisseaux, ceux n'ayant que trois pieds et demi de large. Mais la plupart des jurisconsultes et un certain nombre d'arrêts attribuaient aux seigneurs haut justiciers la propriété de toutes les rivières et ruisseaux non navigables, sans distinction, et reconnaissaient par conséquent la légitimité des redevances perçues pour la concession de prises d'eau.

Un droit qui n'est pas sans quelque parenté avec le droit de prise d'eau, c'est celui qui était exigé de ceux qui faisaient boire leurs bestiaux aux fontaines ou aux rivières. Ce droit, dont nous n'avons pas trouvé trace en Auvergne, fut signalé en 1789 par le tiers état de Mende, en Gévaudan, parmi ceux qui devaient être supprimés.

PULVÉRAGE.

C'est un droit que les seigneurs percevaient sur les troupeaux de moutons qui passaient dans leurs terres, à cause de la poussière (*pulvis*) que ces troupeaux soulevaient.

Ce droit, perçu en Dauphiné, l'était aussi dans le Gévaudan et dans le Velay; car, en 1789, les cahiers du tiers état de ces deux provinces en demandèrent la suppression.

Le droit de *pulvérage* ne se trouve pas formellement indiqué parmi les droits seigneuriaux communément usités en Auvergne. Toutefois il serait impossible d'affirmer qu'il n'a jamais été exigé dans cette province. L'Auvergne et le Velay étant limitrophes, il est à croire qu'il devait y avoir peu de différences sensibles dans les coutumes des paroisses et seigneuries juxtaposées de ces deux pays. Et les droits perçus d'un côté de la limite, devaient ressembler beaucoup aux droits perçus sur le rebord immédiat de l'autre côté.

RÉSIDENCE.

Dans un bon nombre de seigneuries, il était perçu, à cause de la résidence, sous les noms de *fouage*, *monéage*, *bourgeoisie*, *congé*, *habitation*, etc., des droits spéciaux frappant soit sur les personnes seules, soit sur les personnes et les bestiaux. Ces droits n'étaient dus que par les domiciliés.

On a prétendu qu'ils étaient exigés, en représentation du droit de battre monnaie ou de *monéage* que les seigneurs haut justiciers s'étaient jadis attribué et dont la royauté les avait obligés de se départir.

Ces droits étaient parfois excessivement réduits, ainsi, à Digons, dans la subdélégation de Langeac, certains censitaires n'étaient tenus, *à cause de la résidence*, qu'à une manœuvre payable à volonté. Ailleurs, c'était une petite somme d'argent et une poule qui étaient dues ; ailleurs, un certain nombre de mesures de grains.

A Egliseneuve près Billom, le seigneur avait fait récemment revivre un ancien droit de *résidence* tombé en désuétude depuis deux siècles. Ce droit qui était perçu chaque année sur chaque habitant tenant feu, consistait en quatre cartons, deux coupes seigle, deux sols argent, une géline et douze manœuvres à bœufs. Quant aux journaliers n'ayant pas de bestiaux, le droit était réduit à douze manœuvres à bras, la moitié des grains et la géline.

En certains lieux, le droit de résidence ne se percevait pas chaque année, mais à des époques plus ou moins éloignées.

Le *porterage*, mentionné plus haut, peut être considéré comme une sorte de droit de résidence.

TAILLE AUX QUATRE CAS.

I. — La coutume d'Auvergne accordait au seigneur haut justicier le droit de percevoir une contribution ou *taille* spéciale sur ses justiciables, dans quatre circonstances exceptionnelles. C'est pour cela qu'on l'appelait *la taille aux quatre cas*. Ces circonstances étaient : 1° Quand le seigneur est fait chevalier ; 2° lorsque le seigneur passe les mers pour aller visiter les Lieux Saints ; 3° lorsque le seigneur est prisonnier des ennemis ; et 4° quand le seigneur marie ses filles en premières noces.

Au sens strict des termes de la coutume, le *premier cas* n'avait aucune chance de se produire au XVIII° siècle, puisque la chevalerie avait disparu avec la féodalité, et que le titre de chevalier désignait simplement un gentilhomme quelconque et n'était plus, comme par le passé, le qualificatif d'un grade militaire octroyé par l'autorité royale soit directement soit médiatement. Mais il était généralement admis que les seigneurs avaient droit de taille lorsqu'ils étaient créés chevaliers de l'ordre du Saint-Esprit. L'ordre de Saint-Michel avait jadis valu le même privilège à ceux qui en étaient honorés. « Seulement, dit » Chabrol, cet ordre ayant perdu son ancien lustre, » n'autorise plus ceux qui en sont revêtus à demander » une aide. » Les chevaliers de Saint-Louis n'avaient pas non plus droit de taille à raison de leur promotion. Leur nombre, très multiplié, aurait fait peser sur les censitaires des charges trop fréquentes.

Le *second cas*, de voyage en Terre Sainte, se présentait fort rarement.

Le *troisième cas*, celui où le seigneur est fait prisonnier par les ennemis du roi, ne pouvait pas être trop fréquent non plus. « Ce troisième cas, dit Chabrol, ne peut guère » donner lieu aujourd'hui à des questions. Au lieu de ran- » çon, on échange les prisonniers et, si le nombre et les » qualités ne sont pas égaux, le retour se fait aux dépens » du trésor public. » Toutefois, dans le cas où un sujet du roi aurait été fait prisonnier dans une guerre des alliés de la France, où, avec l'agrément de Sa Majesté, il avait accepté de l'emploi, on n'aurait pu lui refuser la taille pour sa rançon. « Aurait-on pu la contester, par exemple, dit

» encore Chabrol, au marquis de Lafayette, qu'on a vu
» porter dans la seconde partie du monde ses talents mili-
» taires développés avant l'âge, s'il eût été pris par les
» Anglais et non échangé ? (1). »

Le *quatrième cas*, celui du mariage des filles, était le
cas le plus habituel et donnait lieu à de sérieuses difficultés.

II. — Aux quatre cas indiqués formellement par la coutume, quelques terriers en ajoutaient d'autres. Ainsi l'*ingrès* d'une fille *en religion* était assimilé au mariage dans
les seigneuries de Montbrun, de Dienne, de Cheylanne, etc.,
et donnait ouverture à une taille particulière. Ainsi encore,
l'*acquisition de biens nobles* était encore un motif *d'aide*
ou taille dans les terres de Montvallat, de La Roue, de
La Roche-Lambert, etc. Mais tous ces droits ne pouvaient
être valablement exigés que s'ils étaient stipulés nommément dans des clauses très explicites.

Dans la seigneurie de La Volpilière en Haute-Auvergne,
la taille extraordinaire était spécifiée dans cinq cas :
chevalerie ; — mariage des filles et sœurs du seigneur ;
— entrée en religion desdites filles ou sœurs ; — rançon
du seigneur prisonnier pour faits de guerre ; — voyage
d'outre-mer et pèlerinage à Jérusalem.

Le terrier de Valuejoles, également en Haute-Auvergne,
prévoyait six cas : 1° Nouvelle chevalerie du seigneur et
de ses successeurs ; — 2° mariage de ses filles, sœurs et
nièces ; — 3° pèlerinage de Terre-Sainte ; — 4° rédemp-
tion du corps du seigneur ; — 5° Quand le seigneur achè-
tera dix livres de rentes ou une terre de dix livres de
revenu et au-dessus ; — et 6° quand le seigneur sera tenu

---

(1) Chabrol. *Coutumes d'Auvergne*, tome III, pages 401-402. Même à l'époque où
l'impôt de taille pour rançon du seigneur prisonnier risquait de se produire, certaines
paroisses étaient formellement à l'abri de ce droit. Dans le cas, dit la charte de Moissat-Haut, près Billom, « où il adviendrait que le seigneur dudit château serait pri-
» sonnier, ne pourra pour cet effet exiger aucune chose sur ses sujets pour sa déli-
» vrance. » (*Les privilèges de Moissat*, par Élie Jaloustre. — *Mémoires de l'Académie de Clermont*, année 1878.)

d'aller ou d'envoyer à la guerre ou de payer subside au roi pour le fait de ladite guerre (1).

On pourrait citer encore d'autres terriers. Mais il est bon d'observer que, dans plusieurs seigneuries, les cas, très multipliés à l'origine, avaient été ramenés pendant le xviii° siècle aux quatre cas de la coutume.

Dans les provinces, autres que l'Auvergne, le nombre des cas de taille exceptionnelle n'était pas non plus rigoureusement limité. Dans le Gévaudan c'était la taille aux cinq cas qui était la plus commune. Dans d'autres, le nombre des cas allait jusqu'à sept et même jusqu'à huit. Aux cas indiqués plus haut, on joignait : la chevalerie du fils aîné du seigneur; le mariage du seigneur; et la naissance d'enfants. Mais ces cas n'étaient pas usités en Auvergne.

III. — Il était généralement admis que la taille aux quatre cas ne pouvait être exigée ni des membres de la noblesse, ni de ceux du clergé. Il y avait aussi des terres où les seigneurs avaient renoncé à perpétuité à leur droit de taille extraordinaire. Il en était ainsi notamment dans la châtellenie de la Vinzelle appartenant au prince de Monaco, comte de Carladès.

IV. — Si plusieurs des quatre cas se produisaient dans la même année, si, par exemple, le seigneur était fait chevalier des ordres du roi, la même année qu'il mariait une de ses filles, la coutume, pour rendre la charge moins lourde aux censitaires, exigeait qu'il ne fût perçu qu'un seul droit tout d'abord, et que la perception du second droit fût renvoyée à l'année suivante.

V. — La taille aux quatre cas consistait généralement dans le double cens, pour la portion de l'Auvergne soumise au droit écrit, ou dans un droit de trente sous par feu pour les paroisses sises en pays coutumier. Quelquefois le droit n'était que de vingt sous tournois, comme à Chey-

(1) Inventaire sommaire des Archives départementales du Cantal antérieures à 1790, série E, n° 156.

lanne en Haute-Auvergne (1). Lorsqu'il s'agissait d'ingrès en religion, la taille n'était parfois que de la moitié en sus des deniers censuels.

Pour imposer la taille aux quatre cas, le seigneur devait jadis faire assembler les habitants et leur exposer le cas pour lequel il réclamait une taille extraordinaire. Mais dans les derniers temps de la monarchie on ne procédait pas toujours ainsi. « C'est aujourd'hui, dit Chabrol, une » difficulté très grande de faire assembler une commu- » nauté d'habitants. Si on ne peut y parvenir facilement, » le seigneur doit faire signifier au syndic ou aux consuls » qu'il lui est dû la taille à raison de tel cas, qu'elle monte » à telle somme eu égard au nombre des habitants coti- » sables et qu'il requiert la communauté de faire procéder » à un rôle juste et équitable dans tel délai, leur décla- » rant que, le délai passé, il y fera procéder par ses offi- » ciers (2). »

VI. — Dans la portion de l'Auvergne soumise au droit écrit, et où la coutume n'avait aucune autorité, il fallait que le seigneur, pour réclamer la taille aux quatre cas, produisît un titre contenant formellement la stipulation de cette taille, comme celle-ci, par exemple, insérée dans le terrier de Neussargues : *avec tous les droits de directe seigneurie, taille aux quatre cas, le cas arrivant*, ou bien la clause usuelle que le cens était payable « en tous droits de directe seigneurie, *usage de chevalier* ». D'après la jurisprudence, cette dernière mention, très usitée en Auvergne, emportait la taille aux quatre cas. « Il serait » difficile, dit Chabrol, de donner une autre signification » à ce terme; car, comme le premier des cas qui donnent » ouverture à la taille est celui où le seigneur est *fait* » *chevalier*, il se présume qu'on a voulu le désigner pour » abréger et qu'il sert d'indication pour les autres et d'in-

(1) Inventaire, série E, n° 415.
(2) Chabrol, tome III, page 418.

» terprétation (1). » Quelles que fussent cependant les stipulations des titres et les prescriptions de la coutume, il se rencontrait parfois des seigneurs qui, abusant de leur autorité, ne se gênaient pas pour faire naître à leur gré les occasions de tailles à quatre cas. Témoin ce marquis de Canillac que les Grands-Jours d'Auvergne condamnèrent à mort le 25 janvier 1666. « Il a » pratiqué, dit Fléchier, tout ce que la tyrannie peut » inventer en matière d'imposition. On levait dans ses » terres la taille de Monsieur, celle de Madame, et celle » de tous les enfants de la maison, que ses sujets étaient » obligés de payer outre celle du roi. Il est vrai qu'il y a » des droits justifiés par des titres fort anciens qui per- » mettent à quelques seigneurs de faire des impositions en » certain cas, comme lorsqu'eux-mêmes ou leurs fils aînés » se marient; mais le marquis savait l'art d'étendre les » droits et faisait tous les ans ce que les autres ne font » qu'une fois en leur vie (2). »

VII. — La taille aux quatre cas fut admise en Auvergne jusqu'à la fin de la monarchie. Un arrêt du 18 août 1762 mit fin à un grand procès relatif à cette taille entre le duc de Randan et les sieurs de Beuillé du Cluzel, Sicaud de Lamothe et d'Alexandre, propriétaires d'immeubles dans la justice de Maulmont, dépendant de la terre de Randan. Le duc de Randan demandait une taille parce qu'il avait été fait chevalier des ordres du roi, et une autre à l'occasion du mariage de madame de la Trémouille, sa fille.

En 1763, les habitants de Monton payèrent une somme de 425 livres à M. de Tane pour la taille aux quatre cas à lui due à cause du mariage de sa fille (3).

En 1777, Mme de Béthune, dame de Thiers, fit signifier à

(1) Chabrol, tome III, page 423.

(2) *Mémoires de Fléchier sur les Grands-Jours d'Auvergne*. Édition Hachette, page 277.

(3) *Inventaire des Archives départementales*. Fonds de l'intendance, liasse. n° 2466.

la municipalité de cette ville l'acte de mariage de Mlle de Béthune, sa fille, accompagné d'un extrait d'une charte de l'année 1272, et fit sommation à ladite municipalité d'avoir à acquitter la somme de 250 livres pour droit de taille aux quatre cas dû à raison de ce mariage (1).

TAILLE SEIGNEURIALE.

Cette redevance, qualifiée souvent de *taille simple*, de *taille annuelle*, et de *taille personnelle*, est une prestation due annuellement par les habitants de certains lieux à raison de la justice et en vertu de titres particuliers.

« Il n'y a rien de si commun en Auvergne, dit Chabrol, » que cette espèce de taille personnelle. Elle diffère de la » taille aux quatre cas, en ce que celle-ci appartient *de* » *droit* à tous les seigneurs haut justiciers dans toute » l'étendue de la coutume, au lieu que la taille simple » demande un titre (2). »

Cette taille personnelle avait principalement pour origine, dit-on, l'affranchissement des serfs ou la concession de commune et consulat. Certains seigneurs, en remplacement des droits qu'ils abdiquaient, avaient retenu ou imposé une taille personnelle sur les habitants. Il en était ainsi dans les justices de Mauzun, Sugères, Seychalles, Plauzat, Lignat et dans beaucoup d'autres. Elle n'exemptait pas ceux qui y étaient soumis du paiement de la taille aux quatre cas.

Si l'on pouvait suivre tous les terriers d'Auvergne, on rencontrerait dans l'assiette de la taille seigneuriale, comme du reste dans l'assiette de beaucoup d'autres droits, de nombreuses bizarreries. Ainsi, à Domaize, près Billom, quelques reconnaissances assujettissaient les tenanciers, non-seulement à la taille aux quatre cas, mais *à la double taille chaque année bissextile* (3).

(1) Jacqueton, *Etudes sur la ville de Thiers*, page 121.

(2) Chabrol, tome II, page 820; tome III, page 423.

(3) Terrier de Domaize, renouvelé en février et mars 1784, en faveur de Blaise d'Aurelles, comte de Champétières. (*Archives départementales du Puy-de-Dôme.*)

Au xviii° siècle, la taille seigneuriale n'était plus due à merci et volonté comme jadis. Elle avait été réglée depuis longtemps par des transactions avec les seigneurs ou par des usages fixes, et presque partout elle était abonnée. C'était d'habitude le corps des habitants qui était responsable du paiement et qui faisait procéder à la répartition et à la recette. Au Montel-de-Gelat, la taille seigneuriale était appelée *taille franche* et était perçue par les consuls de la taille royale (1). A Mezel, l'évêque de Clermont percevait 25 livres par an, pour *taille personnelle*. Cette somme était payée par la municipalité au nom de tous les habitants.

TRIAGE

Le triage est, d'après Merlin (2), le droit pour un seigneur de distraire à son profit le tiers des bois, landes ou marais qu'il a concédés gratuitement et en toute propriété à des habitants ou à des communautés de son territoire ; ou, pour parler plus clairement, c'est le droit pour le seigneur de reprendre le tiers de ce que lui ou ses ancêtres ont jadis donné.

Au dire de Merlin — mais son opinion pourrait être contestée — le droit de *triage* n'aurait été établi en France qu'au commencement du xvii° siècle par suite d'une confusion de principes qui fit appliquer aux bois et marais concédés en *propriété*, des règles particulières aux bois et marais dont il n'y avait que *l'usage* d'aliéné, c'est-à-dire les règles de ce qu'on appelle le *cantonnement* (3).

Le droit du seigneur relativement au triage était si peu légitimement établi à la fin du xvii° siècle, qu'au mois

(1) Etat des revenus des terres du Montel-de-Gelat et Villossanges. (*Archives départementales*, série E., Fonds Dauphin de Leyval.)

(2) Rapport au nom du Comité de féodalité du 8 février 1790, page 56.

(3) Le *cantonnement* est une opération qui consiste à resserrer, à circonscrire le droit indéfini et illimité des habitants usagers, sur une partie déterminée des fonds soumis à leur droit d'usage, afin de laisser le reste libre au seigneur propriétaire.

d'avril 1667, Louis XIV se crut obligé d'annuler tous les triages faits depuis 1620 pour les soumettre à une révision impartiale. Puis, vint l'ordonnance des eaux et forêts de 1669 qui, la première, autorisa formellement la distraction du tiers des communaux au profit des seigneurs. Suivant cette ordonnance, lorsque les communaux proviennent de la concession gratuite des seigneurs et que les deux tiers en sont suffisants pour les besoins des habitants auxquels ils ont été concédés, les seigneurs ont le droit de s'en approprier le tiers *(article 64)*. Mais il faut nécessairement que la concession des communaux ait été gratuite. S'il se trouve que les habitants paient une redevance en argent, corvées ou autrement, en ce cas, la concession doit être considérée comme onéreuse et il n'y a pas lieu à triage.

Comme on peut le supposer, les seigneurs n'eurent garde de négliger le privilège que leur reconnaissait l'ordonnance royale, et, à chaque occasion propice, ils réclamèrent le triage. De leur côté, les populations résistèrent le plus qu'elles purent. Mais elles n'eurent pas souvent gain de cause. Ainsi, en 1655, les habitants de Gerzat furent condamnés à subir le droit de triage réclamé par le duc de Bouillon ; en 1740, ceux d'Ennezat, le triage du duc de Bouillon également ; en 1756, ceux de Ravel, le triage du comte d'Estaing. Les habitants de Pontgibaud eurent le même sort en 1767, et, en 1775, le comte de Merle obtint aussi le triage contre ses vassaux d'Ambert.

VIGERIE.

Nom donné dans certains lieux, d'après Chabrol (1), au droit revendiqué par les seigneurs de planter des arbres dans les communaux, sur le bord des ruisseaux. Il est à croire que ces arbres étaient principalement des saules, de ceux surtout qui fournissent l'osier. Dans la langue d'Auvergne, *vige* ou *verge*, est synonyme d'osier et *vigerie*

(1) Chabrol, tome III, page 482.

synonyme d'oseraie. On sait que les oseraies ou plantations d'osier sont généralement établies dans les lieux humides ou sur le bord des cours d'eau.

Cependant, la véritable signification de *vigerie* ou plutôt *viguerie* pourrait bien être celle-ci que Chabrol laisse entrevoir : Droit sur les plantations des chemins et communaux attribué au seigneur en tant que *viguier* ou seigneur voyer, *vigerius*.

Dans quelques terres du pays de Combrailles, le droit de vigerie consistait en une prestation due par les boulangers et les cabaretiers vendant du pain et du vin aux foires et aux fêtes. Ailleurs, le droit de vigerie n'était autre que celui appelé dans quelques seigneuries *droit de moisson*.

Voir aux mots : MOISSON, VOIRIE.

VINADE, *voir :* CORVÉES.

VOIRIE.

Le droit de voirie était un droit que le seigneur haut justicier s'attribuait sur les *voies publiques*, chemins ruraux, rues des villes et villages, et cela, en vertu du principe : que toute chose dont personne n'est en droit de réclamer la propriété, appartient au fisc.

A la faveur de ce droit prétendu, les seigneurs considérant les communaux, les places publiques et les chemins comme une partie de leur domaine, y faisaient des plantations d'arbres dont ils récoltaient les produits, sans autrement s'inquiéter du dommage causé aux terres riveraines soit par les racines soit par l'ombrage de ces arbres. C'est ce qu'on appelait *droit de plantis* dans certaines provinces. Ce droit ne semble pas avoir été usité partout en Auvergne.

D'autres seigneurs exigeaient à titre de *voirie* des droits particuliers sur les enseignes placées au-dessus des boutiques dans les rues, sur les bancs et les étalages faisant saillie, etc., et obligeaient les habitants à leur payer des redevances pour obtenir l'autorisation d'élever des constructions nouvelles au bord des voies publiques (1).

Tels sont les droits seigneuriaux dont j'ai pu constater l'existence en Auvergne à la fin de l'ancien régime.

Si on les examine de près, si on les rapproche de ceux qui sont exigés dans d'autres provinces, on est frappé non-seulement de leur petit nombre et de la modicité de leur taux, mais aussi des atténuations et des restrictions dont ils n'ont cessé d'être l'objet.

Les banalités, autrefois d'un usage général, ont été, sur bien des points, rachetées, et, quoique impatiemment supportées, sont en tous cas fort adoucies et diminuées.

Les péages, depuis longtemps visés par le pouvoir royal, sont aux trois quarts abolis.

Le droit exclusif de la chasse, mal protégé par les autorités administratives, ne semble presque plus un privilège et, sauf dans quelques grandes terres, les prescriptions le concernant restent à l'état de lettre morte.

Le droit de colombier, que l'on ne rencontre guère qu'à l'état sporadique, peut être considéré comme à peu près disparu.

Certains droits de marché (*hallage, courtage, mesurage, etc.*), acquis dans beaucoup de paroisses par les habitants eux-mêmes ont perdu, en devenant redevances communales, leur caractère vexatoire et irritant.

---

(1) « Qu'à ladite seigneurie appartient le *droit de voirie* et qu'en conséquence nul
» ne peut élever et construire échoppe, forge, ni tablier, ni autres bâtiments dans la
» ville, ni dans les rues publiques, ni adosser rien au mur de la ville, ni le percer
» sans la permission du seigneur de Langeac ou de ses officiers. (*Délibération des*
» *habitants de Langeac du 26 octobre 1766.* — Voir aussi : Jacqueton, *Etudes*
» *sur la ville de Thiers.*) »

La main-morte personnelle, le servage et les droits en dérivant (*bordelage, corsage, noces*, etc.), sont cantonnés sur les frontières de la province, dans le petit pays de Combraille et dans quelques châtellenies limitrophes de la Marche et du Bourbonnais.

D'autres droits plus spéciaux ne sont usités que dans un petit nombre de paroisses. (*Bandie, Cens en commande, Commun de paix, gastine, misement, moisson, muage, porterage, vigerie,* etc.). Et, parmi eux, quelques-uns sont tellement peu connus que Chabrol, le jurisconsulte expérimenté, l'érudit commentateur de la coutume, ne peut en donner une définition claire et précise. Si on les trouve énumérés dans des reconnaissances récentes, il est à croire que c'est par une sorte de répercussion du terrier précédent; et leurs noms ne sont mentionnés dans les nouveaux titres que parce qu'ils font, pour ainsi dire, corps avec la formule ancienne dont on a reproduit les termes. Ils sont là plutôt comme une clause de style sans conséquence que comme une condition essentielle et obligatoire.

En somme, il n'y a d'universellement répandus, il n'y a de réellement à charge que les cens, les corvées, les lods et ventes, les leydes et les tailles seigneuriales.

Répandus ou restreints, cependant, les droits seigneuriaux ne laissent pas d'être gênants, blessants et onéreux pour ceux qui y sont assujettis, d'autant plus qu'ils viennent aggraver le fardeau des impôts royaux dont la progression constante absorbe déjà la majeure partie des ressources de chacun. Néanmoins, la modération avec laquelle les droits semblent avoir été généralement réclamés et perçus en Auvergne les rendait moins insupportables qu'ailleurs. . .

Cette modération ressort suffisamment, ce semble, du silence gardé par la brochure publiée tout spécialement pour l'Auvergne, au début de 1789, sous le titre de: *Idées d'un citoyen sur les vœux qu'il serait utile aux communautés de la province d'Auvergne d'insérer dans leurs cahiers, pour les Etats généraux de 1789.* Comme dans cette espèce de memento ou de résumé des abus dont souffrait l'Auvergne, il n'est parlé nulle part des droits seigneuriaux, il est bien permis d'en conclure que, si la question de la réforme ou de la suppression de ces droits occupait si peu de place dans les préoccupations populaires, c'est qu'ils n'étaient généralement pas trop vexatoires. Une autre preuve nous est, d'ailleurs, fournie par le mutisme relatif des cahiers rédigés par le tiers état de la province en mars 1789. Dans aucun de ces cahiers en effet, pas plus dans les cahiers des sénéchaussées que dans ceux des paroisses, on ne trouve de ces récriminations aigries, de ces protestations virulentes qui se remarquent dans les cahiers de tant d'autres pays de France. Et, sans parler de récriminations, les sénéchaussées d'Auvergne ne donnent même pas la nomenclature de tous les droits seigneuriaux à réformer, comme le font, par exemple, les sénéchaussées voisines du Velay, du Bas-Limousin, de la Marche, du Forez, etc. D'ici ou de là, on rencontre dans nos *cahiers de sénéchaussées,* une épithète malsonnante à l'adresse du défunt régime féodal ou une proposition de réforme émise en termes relativement mesurés, sans acrimonie, et, dans les *cahiers des paroisses,* quelques plaintes éparses, dictées par l'esprit nouveau qui depuis quelques années s'est répandu partout en France ; et c'est tout. A cela se borne le réquisitoire de l'Auvergne dans la question si palpitante des redevances seigneuriales.

Cette sobriété de revendications à l'égard de la noblesse, n'est-elle pas le meilleur témoignage de l'atténuation réelle éprouvée en Auvergne par tous les droits seigneuriaux, n'est-elle pas la preuve qu'ils y étaient généralement moins lourds et partant moins détestés que dans beaucoup d'autres provinces ?

A quelles causes attribuer cette atténuation, cette modération ? A-t-elle son origine dans la réglementation établie en 1510 par les commissaires du roi chargés de la rédaction de la coutume, réglementation qui, en obligeant les seigneurs à justifier de leurs titres, — ce que beaucoup ne purent faire — amena la suppression de bon nombre de redevances arbitrairement imposées jusque-là ?

Faut-il y voir tout simplement un effet de l'adoucissement des mœurs, du progrès, de la raison et de l'influence croissante de l'opinion publique ? Est-ce la résistance, souvent couronnée de succès, opposée par les redevables aux réclamations judiciaires et aux poursuites de la noblesse qui a rendu celle-ci plus circonspecte et plus accommodante ? Ou bien faut-il attribuer la diminution des exigences seigneuriales à la crainte qu'avaient semée dans tous les esprits les rigoureuses condamnations prononcées par les Grands-Jours de 1665 ?

Enfin la tolérance des seigneurs ne vient-elle pas plutôt d'une sorte d'appréhension vague que leur inspire un retour possible du vieil esprit d'indépendance des habitants ? Et faut-il dire avec M. Dominique Branche (1), que *si les droits féodaux furent moins répandus et peut-être moins âcres* en Auvergne que dans d'autres régions, c'est que *l'Auvergne était un pays de liberté et d'alleu,* c'est que sur le sol de cette province, *cette dernière terre libre de la vie gauloise comme de la civilisation romaine, l'antique indépendance avait laissé dans les esprits et dans les institutions une trace profonde?*

Ce sont là des questions auxquelles il serait difficile de répondre avec quelque certitude. Mais ce qui est vrai, ce qui a été constaté, c'est qu'en Auvergne, à la fin de l'ancien

(1) *Etudes sur les droits seigneuriaux de l'Auvergne,* par D. Branche, article paru dans la *Revue du Centre,* n° 1, du 10 novembre 1857 : « J'ai consulté, dit » M. Branche, un nombre immense de chartes, aveux de fiefs, terriers, titres divers, » documents manuscrits de tout âge, de toute origine, et je me suis convaincu que sur » notre sol, cette dernière terre libre de la vie gauloise comme de la civilisation » romaine, l'antique indépendance avait laissé dans les esprits et dans les institutions » une trace profonde..... »

régime, les droits seigneuriaux n'ont été le prétexte d'aucune jacquerie et n'ont donné lieu à aucune de ces émeutes violentes qui, en 1789, ensanglantèrent plusieurs provinces de l'Est et du Midi.

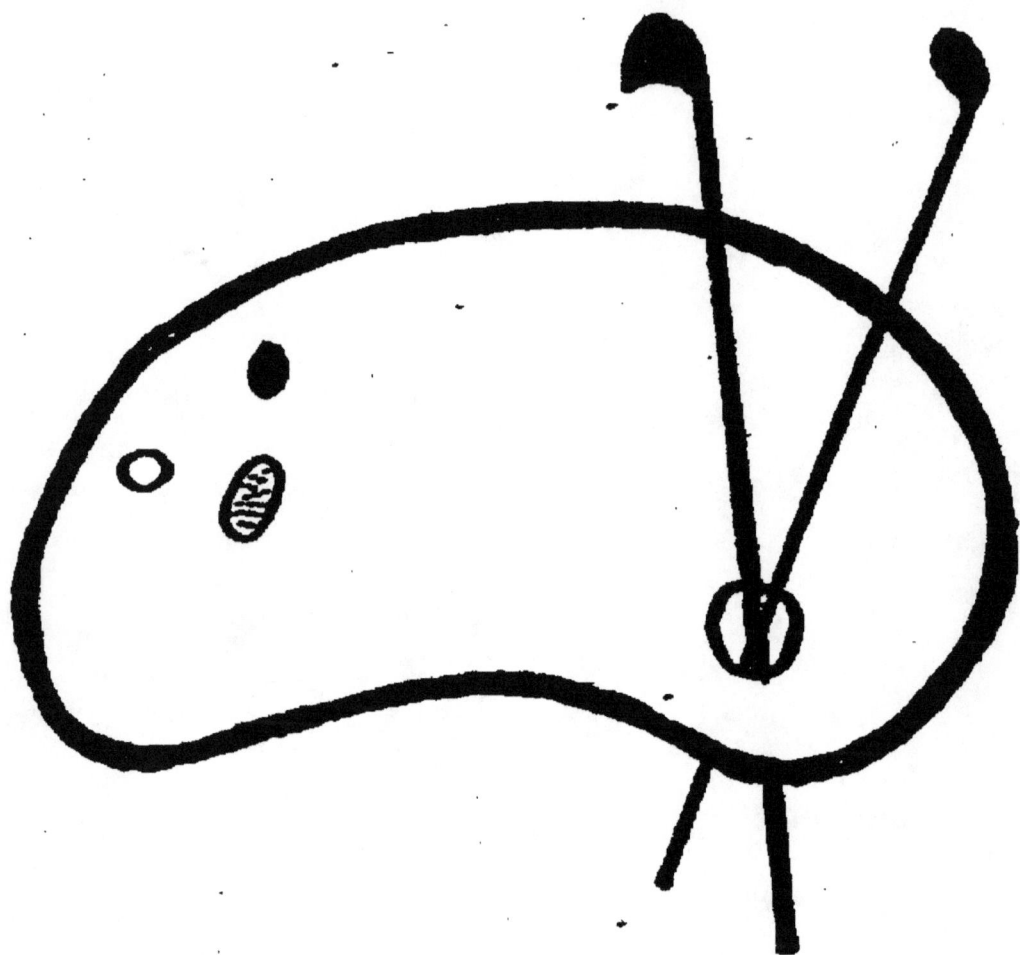

ORIGINAL EN COULEUR
NF Z 43-120-8

www.ingramcontent.com/pod-product-compliance
Lightning Source LLC
Chambersburg PA
CBHW052344090426

42739CB00011B/2310